介護福祉経営士サブテキスト

人間力シリーズ 1

99の言葉の杖

早川 浩士
有限会社ハヤカワプランニング代表取締役

JMP
日本医療企画

「介護福祉経営士サブテキストシリーズ」

「介護福祉経営士」とは

　介護福祉経営に関する法制度、財務会計、リスクマネジメント、コンプライアンス、人材育成など多岐にわたる知識を習得し、かつ、実務の現場において広くその知識・経験を発揮できる、「介護福祉分野の経営」を担う専門職です。

　本シリーズは、「介護福祉経営士」をはじめ介護福祉事業の経営に携わる方々に役立てていただくため2013年に発刊しました。介護福祉事業の経営における多様なテーマを、本シリーズでは大きく２つに分類し、シリーズを増強していきます。１つは介護福祉の現場リーダーや経営者に求められる豊かな人間性を養い意識改革を深める「人間力シリーズ」、１つは介護福祉サービス現場の問題解決や改善を遂行するマネジメント能力を磨く「実行力シリーズ」です。本シリーズが幅広く活用されることによって、より良質な介護福祉事業の経営と、より良質な介護福祉サービスの提供に結びつくことを願ってやみません。

介護福祉経営士マーク

推薦の言葉

私が早川先生と出会ったのは、約10年前のまだ創刊まもない介護経営情報誌『最新介護経営　介護ビジョン』の先生の連載記事のなかでした。

その記事を読んだ創業したばかりの私の第一印象は、「なんてすごい人だろう」というものでした。

何がすごい！　と感じたかといえば、さまざまな古典を先生独自の視点で読み解き、それを介護事業経営の方法論として体系化しているということ。

先生の説かれる一言一句に対して、私は介護士として、ソーシャルワーカーとして、介護事業経営者として、古典マニアとして、強く共感し、「こんなにきちんと介護事業経営、介護人材育成を体系立てている方が世の中にはいるのか！」と感動したのを鮮明に覚えています。

『最新介護経営 介護ビジョン』での120回にわたる先生の「経営（継栄）のツボ」連載のなかで、たくさんの貴重な言葉が出てきますが、そのなかで私が一番好きなものは「常在学場《じょうざいがくじょう》」という言葉です。

「常在学場」という言葉は先生がおつくりになったものですが、その元になっているのは「常在戦場」という言葉です。

「常在戦場」。

すなわち「常に戦場にあるの心をもって生き、ことに処す」という意味です。

これは長岡藩（現在の新潟県長岡市）の藩風・藩訓でした。

そこから転じて、先生のつくられた「常在学場」という言葉。

私はこの言葉を次のように解釈しています。

「学ぼうと思えばいつでもどこでも学ぶ場は存在する」

「人間は生きている限り常に学び場に身を置いている」

私は常にこのことを意識して事業に取り組んでいます。

ですので『論語』『孫子《そんし》』『呉子《ごし》』『六韜《りくとう》』、また宮本武蔵の『五輪書』、渋沢栄一の『論語と算盤《そろばん》』等々、毎日時間をつくって繰り返し読むことによって、その思想や考え方が自分自身の一部になるまで学び続けるようにしています。

私は23歳から現在まで約14年間、ずっと介護、福祉の世界で仕事をしてきましたし、これからもずっとこの世界で仕事をしていきます。

介護や福祉といった社会保障分野の仕事は、人間が人間にサービスを提供する行為であり、人間とは何かということを突き詰めて考えていく仕事です。

つまり、人間について学び続けていかなくてはならないのです。

また、社会保障の世界は今のところ多くの国家財源によって支えられています。

介護保険制度財政1つをとっても50％が国・都道府県・市区町村の税金、残り半分の50％が保険料で成り立っており、サービス利用者である高齢者はサービス利用料の10％を負担し、残りの90％は税金と保険料で賄われています。

現在の介護や福祉といった社会保障の世界は、経済状況に左右されることはあっても経済状況を左右する存在ではありえていません。

経済状況の悪化は国家財政の悪化を招き、社会保障分野への財源の配分は減少します。

現在の仕組みだと、国家財源の減少は「社会保障サービスの質・量の低下」を招きます。

だからといって経済状況を無視して社会保障分野への財源の配分を強行に求めることは国家財政に無理を強いることであり、無理を強いれば国債等の発行が増え、われわれ世代の負担を将来世代へ責任転嫁することになってしまいます。

そうさせないためには少なくとも介護に携わる人は「常在学場」という認識のもと、学び続け、行動し続けることによってイノベーションを起こさなくてはならないのではないでしょうか。

私は、本書をどこへ行くにも常に持ち歩き、電車の中で、飛行機の中で読み、待ち合わせの時に読み、トイレで読み、寝る前に読むことによって、知識としてではなく、自らの身体の一部になるまですり切れる程読み込もうと思っています。

2013年4月

株式会社日本介護福祉グループ
会長　藤田英明

まえがき

わが国初の本格的介護経営情報誌として刊行された『最新介護経営　介護ビジョン』の創刊前特別編集号に「経営（継栄）のツボ」連載第0回として「私たちがいなくても顧客（利用者）は困らない」のタイトルを筆者が記したのは――介護保険の施行から4年目を迎えた2003年4月、「自立支援と在宅重視」のもと、第2期介護保険事業計画がスタートした――今から10年前、初めて介護報酬が改定された年のこと。

続いて第1回目では「経営とは『〝継承的〟創業』の繰り返しである」のタイトルで始まった連載は、2013年6月号で120回目を迎えた。

この連載の特色を端的にいうと、タイトルに引用した〝四字熟語〟の数々である。第3期介護保険事業計画がスタートした2006年4月号の「不易流行《ふえきりゅうこう》」が口火となり、2013年6月号の「毋憂払意《かんゆうふつい》」まで87回も引用し続けたのである。

その一方で、「〝転機〟の誤字ではないか？」と幾度となく指摘を受けたシリーズタイトルの「転期に立つ経営者の資質の鍛え方」は、機を期ととらえた当て字として使い続けた。

3年1期で見直される介護保険事業計画は、地域密着型サービスの登場が象徴するように1つの事業計画期間が終了するたびに新たな局面をつくり出してきた。このような歴史をふまえれば、期が変わるごとに介護事業者に転機が到来するという点からも〝転期に立つ〟との表現は妙を得たものではなかったかとの自負を抱いている。介護事業経営を担う者としての資質を鍛えるために四字熟語の引き出しをかき回しながら『介護ビジョン』に１２０か月の間、書き綴った連載の集約版、それが本書である。

本の構成は、「心得編」「人間関係編」「人財育成編」「経営編」の４編に大別される。

四字熟語の登場は99におよぶ。もっとも多い四字熟語は、「心稍怠荒《こころややたいこう》」（46頁）、「高下在心《こうげざいしん》」（50頁）、「中心転換《ちゅうしんてんかん》」（74頁）、「心地乾浄《しんちけんじょう》」（98頁）、「誠意正心《せいいせいしん》」（１００頁）、「以心伝心《いしんでんしん》」（１０６頁）、「万能一心《まんのういっしん》」（１２８頁）、「躬行心得《きゅうこうしんとく》」（１４６頁）、「心訓七則《しんくんしちそく》」（１８８頁）と、「心」である。

続いて多かったのは、「知常曰明《じょうをしるをめいという》」（18頁）、「知足者富《たるとをしるものはとむ》」（28頁）、「自知者明《みずからをしるものはめいなり》」（42頁）、「徳慧術知《とくけいじゅつち》」（56頁）、「知目行足《ちもくぎょうそく》」（90頁）、「知行合一《ちこうごういつ》」（１１０頁）、「温故知新《おんこちしん》」（１９２頁）、と「知」である。

また、「不」「水」「行」「一」「常」「者」「六」も目立つので、読みながら確認して欲しい。

さて、「経営（継栄）のツボ」の連載と同じ年に著者が開いた主宰塾（継栄と人財創造塾）の延べ登録者は４８１人を数える。

ここで、主宰塾の名称を〝人材〟ではなく、〝人財〟としたことについて触れたい。

〝人材〟の意味を調べると、「才知ある人物、役に立つ人物」という記述が出てくる。

だが、〝人材育成〟や〝人材不足〟のことを、〝人手育成〟や〝人手不足〟との意味合いを承知しながら乱用している人が少なくない。

介護（経営）に携わる〝人材〟の質の向上なくして、経営の質の向上はおぼつかないことは誰もが認めるところではあるものの、〝人材〟と〝人手〟の混同がまかり通っている現状を改善し経営資源として期待される〝人材〟を育成することを意識してもらうため、〝材〟を〝財〟と置き換えて〝人財〟と命名した。

価値あるもの、富、宝などのことを、〝財〟という。文字通り介護現場が〝人財〟の宝庫となることを願ってのことであり、本文でも〝人財〟の2文字を用いた。

「推薦のことば」を藤田英明氏（株式会社日本介護福祉グループ会長）に託したのは、塾生の1人であるとともに「経営（継栄）のツボ」の連載を創刊の当時から愛読されていたこと、次代を担う若手経営者を代表する1人であることなどから、ふさわしい人物であると判断したからである。

藤田氏の文中には、私が創った「常在学場《じょうざいがくじょう》」の記述がある。

「常在戦場」から1文字を差し替えて用いている「常在学場」の〝学〟についてである。

　君子曰《いわ》く、學《がく》は以《もっ》て已《や》むべからず。

　青は、之《これ》を藍《あい》より取りて、藍より青く、氷は、水之を為《な》して、水より寒し。

孔子の弟子にあたる荀子《じゅんし》が残した言葉である。

その意は、「学ぶということは止まることがないものである。藍染めにおいて、青い色は藍（藍玉《あいだま》と呼ばれる染色の材料）からつくり出すが、原料となる藍草よりも鮮やかな青色をしている。氷は水からできるものだが、水よりも冷たいものだ」である。

弟子が師よりも勝り優れることをたとえた「出藍之誉＝出藍《しゅつらん》の誉《ほま》れ」の出自の冒頭は、途中で投げ出すことのない（止まることのない）学び続ける姿勢を端的に「學不可以已＝學は以て已むべからず」と示唆している。

〝学〟には、「外題学問《げだいがくもん》（書物の題名だけは知っているが、その内容までは知らないという意）」、「記問《きもん》之学（いろいろと書物を読むだけで、そこに書かれている文章を暗記するだけという意）」、「口《こう》耳《じ》之学（他から聞いたことを受け売りにしているという意）」、「曲学阿世《きょくがくあせい》（学問の真理をゆがめるようなことをしてまで世間におもねるという意）」のような成語もあれば、「教学相長《きょうがくあいちょうず》」（134頁）、

「下学上達《かがくじょうたつ》」（１４４頁）もある。
「學は以て已むべからず」である。

２０１２年９月、介護福祉事業の経営を担う人材の育成と資質の向上を図ることにより、わが国の介護福祉サービスの発展に寄与することを目的に、一般社団法人日本介護福祉経営人材教育協会が設立された。同会の中心的な事業の1つ、それが「介護福祉経営士」の輩出と育成である。

２０１３年４月21日の日曜日に第1回「介護福祉経営士２級」資格認定試験が行われ、全国７地区8会場に４１５人の受験者が集まったという。

本書が、介護福祉経営士を目指す人、また、活躍する人のためのサブテキスト人間力シリーズの第1弾として、人として進化、深化、新化、芯化しながら、21世紀の新時代を創造するために必要な真価を発揮されるための一助となれたなら望外の喜びである。

介護経営の道は険しい道だ
嫌な道とせず　健やかな道を目指せ
自分で選んだ道だから　険道を嫌道と捉えず　健道とすべし
人の道　親子の道　夫婦の道　人間関係の道も　皆　同じだ
常に在るところ学びの場　常に学びの場にあり　常在学場

２０１３年５月

早川　浩士

もくじ

Ⅱ　人間関係編

Ⅲ　人財育成編

Ⅳ　経営編

I 心得編

トップに必要な7つの資質

常在学場
（じょうざいがくじょう）

学ぼうとする意志さえあれば、今自分の在る場所が常に学びの場になるという意味。筆者による造語。

問題意識をもって自ら学ぶ

「今日は、啓発を受けた！」

セミナーを受講した者が、折に触れて口にする言葉である。知識を啓《ひら》き起こし理解を深めるのが、「啓発」の意。だが、その出自は『論語』の「憤せずんば啓せず、悱《ひ》せずんば発せず。一隅《いちぐう》を挙《あ》げて、三隅《さんぐう》を以《もっ》て反《かえ》らざれば、則《すなわ》ち復《また》せざるなり（述而《じゅつじ》7）」であることを知る者は少ない。

「何事も問題意識をもって自ら取り組む（学ぶ）という創意や熱意のある者は、たとえ行き詰まった場合でも、その障害や壁を取り除くためのヒントさえ見つければピンと閃《ひらめ》くものである。逆に、解決の糸口を見つけだす粘り強さを嫌う者は、何を教えても無駄なことである。たとえば、四角のモノの一隅だけを示して、残りの三隅は示さず、自分で試行錯誤しながら解明するような意欲を引き出させることが大事である。仮に一隅を教えても、自ら他の三隅を理解することのできない者には、再び説き教えることは意味がない」というのが、その意である。

トップ・リーダーとしての資質の磨き方を学ぶ者も然りである。トップ・リーダーとしての問題意識をもって学ぶか否かで、その人の涵養《かんよう》[1]には月と鼈《すっぽん》ほどの差が生じることになる。ちなみに「啓」や「発」には、それぞれに「ひらく」という同じ意味をもつ字が2つ重なることから、1つ開くと次から次へと連鎖反応が起き、意識の拡大作用を引き起こす様が2文字に託されている。

これからの時代を生き抜くトップに必要なものは

京都府中小企業総合センターによる「中小企業支援に関する研究」の論文には、「京都の中小企業に学ぶ」と題して、これからの時代を生き抜くために必要とされる経営者の資質を7点に要約して記している。

1　誠実、正直、謙虚であること。

2　歴史を重んじ、先人に習い、その手法を受け継ぐとともに、これをさらに発展させ、今の時代に合ったやり方に変革させていく気概とたゆまぬ努力を怠らないこと。

3　品質を重んじ、妥協のない品質の維持管理とその向上に努めること。

4　技術に強く、技術に精通し、専門的見地に立った思考能力と判断力を有すること。

5　失敗を恐れない大胆な行動力と、それを支える繊細で緻密な思考回路を有すること。

6　従業員の力を十分に引き出せるような環境整備に努めること。

7　ユーモアとユニークな視点を欠かさないこと。

介護事業者も、1つひとつの視点から目を逸らすわけにはいくまい。いかなる産業分野であれ、経営者に求められる基本的な資質には、人間力そのものが問われている。

孔子やその高弟たちの言行録である『論語』[2]から、誠実、正直、謙虚さについて「学校で習ったところとは違う」と新たな「啓発」にめぐり合えたらしめたもの。「故《ふる》きを温《たず》ねて新しきを知る、以《もっ》て師と為《な》すべし（為政2）」で知られる「温故知新[3]」は、古いことに習熟してなお、新しいことを果敢《かかん》に知ろうとする者の姿勢のなかに師が潜んでいるというのが、その意である。

「学びて時に之《これ》を習う、亦説《またよろこ》ばしからずや（学而1）」として、いかなる時も「常在学場」と学ぶ喜びをつかんだ者は、自ずとその資質に磨きがかかる。これに惹《ひ》かれて、朋《とも》が遠方から訪ねて来るのである。

常に在るところ学びの場、常に学びの場に在り。

（1）自然が染み込むよう養い育てるという意味。
（2）「学而1」～「堯旧20」全20篇（500章）からなる。
（3）192頁参照。

みんな違っていて当たり前

知常曰明

（じょうをしるをめいという）

昔も今も変わらない自然の摂理、恒常的なあり方を知ることが明であるという意味。

自分と違うものを受け容れる

中国古典『老子（第16章）』には、〝常〟を記した一文がある。

「命に復《かえ》るを常といい、常を知るを明といい、常を知らざれば妄作《もうさ》して凶なり、常を知れば容なり」

〝常〟とは、いつでも変わらないこと。それは、昔も今も、同じように変わることのない不変の力で働いているもののことであり、生まれた命が復るということも〝常〟という自然界の常法（一定の規則）の1つなのだと。

たとえば、生まれたばかりの赤ん坊の呼吸は、昔も今も、これから先に生まれようと変わらない。呼吸は、命の育みに欠かせない〝常〟の力が宿っている。

「永息（呼吸の仕方）は長生きに通じる」とのたとえもあるが、長生きの人の永息と自らのそれ、つまり〝常〟の違いを気にとめる人は稀《まれ》だ。

しかし、「私（の考え）と、あなた（の考え）は違う。だから、あなたは間違っている！」と目くじらを立てて指摘と批判に明け暮れる人もいるが、〝凶（不吉で不幸）〟を招くだけ。誰にもそれぞれ名前や性格があるのと同じように、人は人の数だけ違っている。

ところが、「少し（外見、考え方など）違っているにすぎないことを〝常〟ではない」と許し容れること（許容）を拒む。

〝常〟を知れば〝容〟となれるのだが……。

これが、大筋の解釈である。

常日頃の姿勢が問われる

音読みの〝常《ジョウ》〟は、次の意味がある。[1]

1 つね、いつも、ふだんのことで、常食、常備、日常など。

2 一般と変わりがないこと、並、普通のことで、常識、通常など。

3 いつまでも変わらぬことで、常緑など。

4 不変の道徳のことで、五常と使う儒教の考え方。人の常に守るべき5つの道徳（仁・義・礼・智・信）のこと。父は義、母は慈、兄は友、弟は恭、子は孝（中国古典『書経』）。父子の親、君臣の義、夫婦の別、長幼の序、朋友の信（中国古典『孟子』）などがある。[2]

訓読みの〝常〟は、こうだ。[1]

1 変わらない（永久不変である）ことで、常になど。

2 ふだん・平素と変わらないことで、常日頃など。

3 なみ、普通、当たり前のことで、世の常の人など。

4 ならい、ならわしのことで、人情の常としてなど。

介護サービスを利用するには、介護や日常生活上の支援が必要な状態であると認定を受けることが前提である。

〝常〟を繰り返せば、

「〝常常〟考えていたこと」

「〝常常〟の心がけ」

「〝常常〟の心構え」など、ふだん、いつもそう感じているという意識を強調した使い方となる。

介護保険では、国、保険者、事業者、利用者、そして被保険者も〝常常〟の姿勢が問われる。

座るにも寝るにもなど、いつでもとか、ふだんという意の常住坐臥《じょうじゅうざが》、平生から常に継続しているという意の常住不断《じょうじゅうふだん》の常住は、いつもとか、常に住んでいることを指す言葉である。

〝常〟を知るのか、〝常〟を知らずにすますのか。〝常（住）〟に対しての〝常常〟のあり方を問わねばなるまい。

（1）『広辞苑』より。（2）62頁「五倫五常《ごりんごじょう》」参照。

それぞれの人の良さを活かす

万象具徳

（ばんしょうぐとく）

人にも物にもすべてのものに良さや取《と》り柄《え》があるという意味。

手本は二宮金次郎

神奈川県内の全公立小学校約860校中143校には、今も金次郎像が建つ。出生地の県西部では、54校中32校と群を抜く。[1]

金次郎とは、二宮尊徳のこと。1787（天明《てんめい》7）年、小田原藩内の足柄郡栢山《かやま》村（現在の神奈川県小田原市栢山）に生まれ、600余もの荒廃した農村復興に尽力。[2]

1903（明治36）年から1945（昭和20）年まで修身の教科書に取り上げられ、1958（昭和33）年まで使われた1円札の最後の肖像画になった人だ。

金次郎像といえば、薪を背負って本を読んでいる「負薪《ふしん》少年の像」が定番。作家幸田露伴の書いた著書に出てくる挿絵をもとにしたといわれているが、小田原の小学校には、薪を背負うも石に腰掛け本を読む像（桜井小学校）、菅笠《すげがさ》を肩にかけて、自ら編んだ草鞋《わらじ》を差し出す姿の像（報徳小学校）などもある。

尋常小学唱歌「二宮金次郎」の曲が流れると、何度も繰り返される〝手本は二宮金次郎〟のフレーズから、忘れかけた記憶の扉を開く利用者さんが少なからずいる。

1　柴刈り縄ない　草鞋をつくり
　親の手を助《す》け　弟《おとと》を世話し
　兄弟仲よく　孝行つくす
　手本は二宮金次郎

2　骨身を惜まず　仕事をはげみ
　夜なべ済まして　手習《てならい》読書
　せわしい中にも　撓《たゆ》まず学ぶ
　手本は二宮金次郎

3　家業大事に　費《ついえ》をはぶき
少しの物をも　粗末にせずに
遂には身を立て　人をも救う
手本は二宮金次郎

あらゆるものに徳がある

小田原藩主大久保忠真《ただざね》から分家の財政再建を任され、10年かけて大任を果たした尊徳は、「物や荒地には荒地なりの徳（良さ、取り柄）があり、荒地の徳を人の徳が活かすことで、実り豊かな田畑に変えてゆくことができました」と、その成果を藩主に報告した。

これを聞いた殿様は「そちのやり方は『論語（憲問14）』にある〝徳を以《もっ》て徳に報いる〟という、あれだな」と言われたという。

尊徳はこの言葉に感激し、その後、「報徳」という言葉を中心に据えて、自身の考え方を練り上げていくようになる。

後に報徳博物館初代館長を務めた佐々井典比古は、尊徳の〝あらゆるものに徳がある〟という「万象具徳」の考え方を、次の詩を使ってわかりやすく表現した。

どんなものにも　よさがある
どんなひとにも　よさがある
よさがそれぞれ　みなちがう
よさがいっぱい　かくれてる
どこかとりえが　あるものだ
もののとりえを　ひきだそう
ひとのとりえを　そだてよう
じぶんのとりえを　ささげよう
とりえととりえが　むすばれて
このよはたのしい　ふえせかい

荒地という有限の資源を有効に活用すれば無尽蔵に作物を生み出すことができるよう、人に備わる良さ、取り柄、持ち味を活かすことができるか否か、介護人財の育成も同じことがいえる。

もっとも変わらなければならないのは、いうまでもなく、人の手本となることを率先垂範《そっせんすいはん》しなければならないトップやリーダーの姿勢にある。

介護現場は、人で変わる。

（1）神奈川新聞2010年4月19日号。
（2）60頁「修己治人《しゅうこちじん》」参照。

正しいこととは何か

克己復礼
（こっきふくれい）

私利私欲という己の心にうち克って、社会規範という心がけ（マナー）の礼に立ち戻るという意味。

トップは常に正しいのか

ある法人の研修会終了後、受講者（職員）の1人から「事業者の良し悪しを見きわめるポイントとは何か」という質問をもらった。

「〝誰が正しいのか〟ということばかりに着目し、〝何が正しいのか〟という視点を見失うような職員が1人でもいる事業者は良くないところで、この逆が良い事業者である」と伝えた。[1]

新人ならいざ知らず、経験豊かな上司や先輩までもが、トップの顔色をうかがって仕事をしているところがある。トップであろうと、時として間違ったことを行うこともある。

これが進むと、反省の2文字を忘れた厚顔無恥な人となる。間違いを改めないのは、それを正そうと指摘して、叱ってくれる人がいないからである。

孔子の3千人の門弟のなかでも最高位の人といわれた顔淵《がんえん》は、『論語』３００篇の重要な場面にしばしば登場する。

彼は、孔子哲学の根幹の1つを表す「仁」という考え方について、単刀直入に「仁とは、何ですか？」と、師に尋ねている。

孔子は、「克己復礼」の出自となる「己《おのれ》に克《か》って礼を復《ふ》むを仁となす（顔淵12）」と答えた。

仁を実践するためには、偉い人はもとより誰にだって遠慮はいらないという意の「仁に当たりては、師にも譲らず（衛霊公15）」という言葉もある。トップ自ら、「何が正しいのか」という視点（＝仁）を見失ってはなるまい。

良い事業所は良いスタッフから

「もう少し、仁のことを噛《か》み砕《くだ》いて説明してくださ い!」と詰め寄った門弟の子張《しちょう》に対して、「恭、寛、信、敏、恵(陽貨17)」の5つが重要であると、孔子は解説を加えている。(2)

恭《うやうや》しいとは、

礼儀にかなって丁重なこと。これが行えたとしたら、人から侮られないですむ。

寛《おおらか》とは、

度量がひろく寛大、寛容なこと。これが行えたとしたら、人からの人望が得られる。

信とは、

言葉をたがえることなく誠実なこと。これが行えたとしたら、人から信頼、信用される。

敏とは、

働きや動作が素早く機敏、英敏、敏感なこと。これが行えたとしたら、人が成し遂げなければならない仕事に対して功用、功能、功績を認めることができるようになる。つまり、賞罰の罰にのみとらわれず、信賞必罰の信賞(賞すべき功績のある者を必ず賞する)などにより、人の働き方が変わる。

恵とは、

情けをかけること、慈しむこと。これが行えたとしたら、人も骨身を惜しまず働くようになる。

恭、寛、信、敏、恵で示される人を職員に置き換えて再度、読み直して欲しい。特にトップは、いつでも、どこでも、誰に対しても5つが実践できるようでなければならない。

人の生まれながらにしての天性は、さして差があるものでなく、その後の生活習慣によって、大きな違いとなってくるという意味の「性相近《せいあいちか》し、習《なら》い相遠《あいとお》し」(陽貨17)という言葉がある。

トップは、傍の者(利用者・職員)を楽にさせる、楽しませるという〝傍楽《はたらく》〟の視点をもつこと。

事業者の良し悪しは、トップの「克己復礼」の姿勢に垣間見られる。

(1) 102頁「是是非非《ぜぜひひ》」参照。
(2) 116頁コラム参照。

改めるべきことは改める

顛倒夢想

（てんどうむそう）

誤解や妄想から誤りを犯し、それによってますます恐怖におののいている状態を意味する。仏教の経典の1つ「般若心経《はんにゃしんきょう》」262字のなかにある。

原発神話の崩壊

2011年3月11日に発生した東日本大震災は、地震や津波という自然災害に加えて、原発事故という人災が追い討ちをかけてしまい「原発は安全でクリーンなエネルギー」であるとの安全神話を打ち砕いてしまった。

神話とは、実体は明らかでないのに、長い間人々によって絶対のものと信じこまれ、称賛や畏怖の目で見られてきた事柄のことで、「不敗神話」という使い方もある。

福島原発事故によって放射線の人体への深刻な影響が報道されるにつれて、これまで安全だと信じさせられてきた原子力に対する不安が社会を脅かした。

このような状態を「顛倒夢想」というのではないだろうか。

「顛倒」とは、物の逆さまなことで、私たちがそういう目に遭うと、うろたえてしまうようなこと。「夢想」とは、夢を見ること。転じて妄想、さらに転じて間違った考え方などのことをいう。

世界唯一の被曝国である日本が、「原発は安全でクリーンなエネルギー」と喧伝しながら推進してきた原子力政策のあり方に対して、多くの国民が混乱の渦中にあるといって過言ではない。誰が正しいのかにこだわるのではなく、何が正しいのかということに目を向けていかなければ、何ら解決の糸口さえ見つけ出すことはできない。

後ろ向きに歩く

「顛倒夢想」を乗り越えるには、「常・楽・我・浄」という四顛倒を極めることであるという。

1　モノは変化するのにいつまでも変わらずにあると思うこと。

「常を常」と考えるのか、「無常を常」ととらえるのか。

2　本当の楽を求めないで、苦を楽としていること。

「楽を楽」と考えるのか、「不楽を楽」ととらえるのか。

3　すべてが無我なのに我（自分）にこだわること。

「我を我」と考えるのか「無我を我」ととらえるのか。

4　心身は穢れているのに清いものだと思っていること。

「浄を浄」と考えるのか、「不浄を浄」ととらえるのか。

「○○」を「○○○」と考えてきたが、それは勘違いであることがあるのだということ。

「○○だ！」と、鵜《う》呑《の》みにしてしまうことから始まるような慣れの怖さは、原発事故の安全神話の崩壊からも明らかである。

「介護の社会化」を高らかに謳《うた》いつつ、〝走りながら考える〟ことをモットーにスタートを切ったはずの介護保険制度だが、法改正の度に〝制度の持続可能性〟という大命題が突きつけられ、介護報酬改定の諮問・答申に偏重したスケジュールが繰り返されるのみ。

団塊世代が75歳人口に全入する２０２５年に気がとられるばかりでは、これまでの軌跡を振り返る暇すら芽生えてはこない。

制度の習熟も良いが、それに慣れてしまう怖さがあると心して顛倒夢想するなら、反省すべきは反省し、改めるべきは改めると〝後ろ向きに歩く〟ことも必要である。だからといって、〝前向きに歩く〟ことを否定するものではない。トップは、自動車同様、前進と後退ができなければ、ただの木偶《でく》の坊《ぼう》に過ぎないということを知らなさすぎるということである。

してはならないことを考える

用管窺天
（ようかんきてん）

狭い見識を基準にして、広大な問題について自己流の推測を下すという意味。

狭い見識と横行する体罰

細い竹の管の穴から、広い天を覗いて窺《うかが》い見るということを「管を用いて天を窺う（用管窺天）」という。出自の『荘子』の後半には、「錐《きり》を用いて地を指す」と記されている。

「右側が半分見えない」「下の方が見えない」「左の上の方が見えない」「視野の真ん中が暗く抜けて見にくい」「見ようと思うところが見えない」等による視力の異常を訴える視野狭窄《きょうさく》のことではない。

竹の管や錐で天地の全貌をとらえるような視野の狭いといわれる人は物の見方にバランスを欠くのは当然であり、自分の置かれている状況が理解できないため、独善的になっているという自覚も希薄である。

2013年1月、スポーツ競技の現場から、体罰による不祥事が相次いで報道された。これは、バスケットボール部キャプテンを務めていた高校生の自殺が発端であった。自殺前日に部活動の顧問教諭による体罰が行われていたことなどの事実確認を教育委員会が公表した。

その後、ロンドン五輪の柔道に出場した日本代表を含む国内女子トップ選手15人が、五輪に向けた強化合宿中に代表監督等から暴力やパワーハラスメントを受けたと告発する文書を連名で、2012年末に日本オリンピック委員会に提出していたこともわかった。

体罰という名の虐待が各所に横行していたのではないかという疑念が湧き上がる。

類義語には、「葦《よし》の髄《ずい》から天を覗《のぞ》く」がある。

自分の狭い見識にもとづいて勝手に判断することを、細い葦の茎の管を通して見えた天井の一部が天井の全体であると思い込んでしまうことのたとえである。

個人の狭い知識や経験から広い世界のことを論じ、大きな問題などを自分の都合のいいように判断してしまうことを戒《いまし》めた言葉ある。

他人事にしてはならない。

「してはならないこと」を学ぶ

フランスには「ノブレス・オブリージュ（noblesse oblige）」ということわざがある。「貴族たるもの、身分にふさわしい振る舞いをしなければならぬ」という意味をもっている。

身分の高い者はそれに応じて果たさねばならぬ社会的責任と義務があるという、欧米社会における基本的な道徳観であることから、「位高ければ徳高きを要す」とも訳されている。

教師や監督といった指導的な立場に立つ人が起こした一連の事件に対して、「人としての視野（了見）が狭い！」と、批判したり揶揄《やゆ》するのは簡単だが、誰にでも陥りがちな通弊であることを見落としてはなるまい。


「高齢者虐待の防止、高齢者の養護者に対する支援等に関する法律」いわゆる「高齢者虐待防止法」が施行したのは、２００６年4月1日のことである。これによって養介護施設従事者等による高齢者虐待と認められ、市町村等による対応が行われた件数は年々増加し、２０１１年度の調査では、前年度比55件増の１５１件に及んでいる。

「しなければならないこと」に汲々《きゅうきゅう》となって「用管窺天」[1]に陥らないためにも、「してはならないこと」へと視野を広げた理解と実践が急務である。

「成功に秘訣というものがあるとすれば、それは、他人の立場を理解し、自分の立場と同時に他人の立場から物ごとを見ることのできる能力である」とは、自動車王ヘンリー・フォードの言葉であるが、ヒントになれば幸いである。

（1）１８６頁「自老視少《じろうししょう》」参照。

欲望に負けないために

知足者富

（たるをしるものはとむ）

満足することを知っているのが豊かな者であるという意味の老子の言葉。

根本原因を考える

２００８年8月、ハイオクガソリンの全国平均価格は１９６円を記録した。２０００年前後の１００円～１１０円台と比べて約2倍の値段をつけたため、ニュースで大きく取り上げられた。

車の送迎が欠かせないデイサービスでは、費用が介護報酬に含まれるため、高騰分は事業者の持ち出しとなることから、経営に〝四苦八苦〟しているという事業者の声が各地から伝えられたのである。

〝四苦八苦〟とは、非常な苦しみ、散々な目にあって苦労しているあり様を表す時に使っているが、もともと生・老・病・死の四苦、愛別離苦、怨憎会苦、求不得苦、五蘊盛苦を合わせた人生八苦の総称を表した仏教の言葉である。

1　生：生きる苦しみ。
2　老：老いる苦しみ。
3　病：病の苦しみ。
4　死：死の苦しみ。
5　愛別離苦：愛する者と別れる苦しみ。
6　怨憎会苦《おんぞうえく》：怨み憎む者と巡り会う苦しみ。
7　求不得苦《ぐふとっく》：求めても得られない苦しみ。
8　五蘊盛苦《ごうんじょうく》：蘊は集まるという意味がある。

人間には、肉体があり（色）、感受性があり（受）、心があり（想）、意思があり（行）、知覚する（識）ことから、感覚や感情や意思や判断するという五蘊の心が盛んとなって苦しむようになる。

また眼・耳・鼻・舌・身の五官で感じたことが五欲（財・色・食・名誉・睡眠）という感覚的欲望と重なって表れる苦しみのこと。

喉の渇ききった人に水を欲しがるだけ与え続ければ、いつまでたっても満足することのない欲望の心を満たそうとするイタチごっこを繰り返すばかりとなる。

〝四苦八苦〟の根本原因が渇愛という欲望にあるのだとするならば、介護報酬のアップのみに汲々《きゅうきゅう》としてはならない。このような時こそ、介護経営を正常に続けてゆくための正しい道を歩むことがトップに希求される。

八正道は人生修行の道

〝四苦八苦〟から抜け出すには、8つの正しい道、八正道を開くための人生修行が必要であると仏教では説いている。

1 正見《しょうけん》：正しく物事を見ること。
2 正思《しょうし》：正しい考え方をすること。
3 正語《しょうご》：正しく語ること。
4 正行《しょうぎょう》：正しい行いをすること。
5 正命《しょうみょう》：正しい生活をすること。
6 正進《しょうしん》：正しく人と調和すること。
7 正念《しょうねん》：正しい信念をもつこと。
8 正定《しょうじょう》：正しく、おちついた心をもつこと。

まずは、正見、正思、正語という正しい知恵を出すこと。続いて正行、正命、正進という自身の行動を戒めること。そのうえで正念、正定という心の定め方をもつこと。これらが大切であるという。

要は、「間違ったことをせず、正しいことをせよということか……」「そんなこと、言われなくとも知っている！」と憤慨しないこと。

「このようなことは3歳の子どもでも知っていることなのだが、60歳になってさえ身についていない大人が少なくない」と、中国の故事に記されてある。

子どもからおとなへと成長する過程で、身につけるものを衣替えしてしまったのであろうか。

『老子（第32章）』に「足るを知る者は富む」とあるが、地位や名誉や財産を手にする者は富むと理解して心労を重ねる人も少なくない。

超高齢社会を生きるわれわれは、「知足者富」の鍛え方を試されている。

変わるものと変わらないもの

改過不吝
（かいかふりん）

過《あやま》ちを過ちとして改めることへの努力を惜しまない姿勢という意味。

制度改正への対応が必須

介護保険事業計画は3年を1期として、3年ごとに見直しが行われる。

介護事業を教育制度になぞらえると、2000年～2005年の旧介護保険法＝第1期・第2期事業計画を小学校6年間、2006年～2008年の新介護保険法＝第3期事業計画を中学校3年間ということができる。第1期～第3期は不易流行《ふえきりゅうこう》の言葉が当てはまる。小学校6年間の間に培った「不易」をふまえ、中学校に進学して新たな「流行」に挑戦していった。

「不易」は、変わらないこと、すなわち、どんなに世の中が変化し状況が変わっても絶対に変わらないもの、変えてはいけないものがあり、介護サービスに欠かせない排せつ、入浴、食事、認知症などを「不易」ととらえた。

「流行」は、変えるもの、社会状況や私たちを取り巻くあらゆる環境の変化によってどんどん変わっていくもの、あるいは変えていかなければならないものであり、制度改正に伴って始まった運動器訓練、口腔ケア、栄養改善などの介護予防、地域密着型サービスや小規模多機能型居宅介護などの新サービスを「流行」と位置づけた。

小学校から中学校への移行に伴って、主要教科の名称変更や新たな外国語科目の登場などをたとえに「不易を知らざれば、基立ちがたく、流行を知らざれば、風新たならず」と、俳諧で説かれた「不易流行」[1]の概念を心にとどめつつも、人口減少かつ超高齢社会へと劇的に移行する時代のなかで第4期、第5期と目まぐるしく変化してきた。

この先、その突出した人口構成から団塊世代と呼ばれる世代が75歳に全入する２０２４年～２０２６年の第9期に向かって、負担と給付のあり方に対しての議論にも大きな変化が生じることが避けられない。

それは、利用者家族という立場で親の介護を経験した者が、利用者本人へと世代交代するとともに、介護サービスへの要求と期待の意識が家庭人から社会人へと変わることで権利意識も強く現れてくることが考えられる。そうした変化に対応していくための心構えが常に必要となる。

改正は怪悪ともなりうるからこそ

「改過不吝」の出自は、『書経』にあって、過ちを改むるに吝《やぶさ》かならずと読む。

人には誰にでも多少の過誤があるものだが、それを隠し立てして改めようとしない人がいる。

『論語』にも、「過てば則《すなわ》ち改むるに憚《はばか》ること勿《なか》れ（学而1）」や「過ちて改めざる、是れを過ちと謂《い》う（衛霊公15）」などがある。

「改」は、「己」をはっとさせるという動きを示す「攵《のぶん》」をくわえることで、改めること、改まること、などの意に変わる。

２０１２年からスタートした第5期介護保険事業計画では、医療、介護、予防、住まい、生活支援サービスを切れ目なく、有機的かつ一体的に提供する「地域包括ケアシステム」の実現をめざすため、介護サービスの基盤強化のための介護保険法等の一部を改正する法律が、２０１２年4月より全面施行された。

改正は、小規模にとどまったとはいえ、居宅サービスに「地域包括ケア」が取り入れられ「24時間対応の定期巡回・随時対応型サービス」と「複合型サービス」が創設された。

一方、利用者への負担増を行わず、財政安定化基金、介護給付費準備基金を取り崩して保険料の軽減に充てるなど、新たな財源確保がない状態では、介護報酬が将来的にマイナス査定に転じることも十分にありうる。

改正には、改（快）善と改（怪）悪が避けられないので、「改過不吝」の気概を怠《おこた》ってはなるまい。

トップの意識改革も同じだ。

（1）１６２頁参照。

努力して学ぶことが大切

六言六蔽

（りくげんりくへい）

努力を重ねて学問や教養を積んだ人は、徳を大いに発揮できるが、怠《おこた》ると弊害が生じ他者に災いを撒き散らしてしまうという意味。

学問を好まなければ弊害が生じる

六言六蔽は、『論語（貨陽17）』にある。

「仁を好みて学を好まざれば、その蔽や愚。知を好みて学を好まざれば、その蔽や蕩《とう》。信を好みて学を好まざれば、その蔽や賊。直を好みて学を好まざれば、その蔽や絞《こう》。勇を好みて学を好まざれば、その蔽や乱。剛を好みて学を好まざれば、その蔽や狂」

「六言」は仁（愛情・友愛）、知（知恵・知識）、信（信義）、直（正直）、勇（勇気）、剛（剛強）――の6つの徳のことをいう。

「六蔽」は愚（愚直・暗愚）、蕩（放蕩・だらしない）、賊（有害・人を損なう）、絞（緊迫・厳しい）、乱（無秩序）、狂（狂気・思い上がり）――の6つの弊害のことを指す。

「蔽」は遮蔽（覆い隠して、他から見えなくすること）、隠蔽（人または物が目につかないよう覆い隠すこと）などからもわかるように、他の人に見られたくない、見せたくない場合などに用いられる。

この話は、孔子への暴力がきっかけとなって弟子入りした最年長の子路に語った一節にある。

剛勇、純情、真正直で信義に篤《あつ》い性格ながら、無頼《ぶらい》（正業につかず、無法な行いをする者）の彼は、後に孔子の人間的魅力に惹《ひ》かれて入門することになる。

リーダーにとっての人望とは

仁（徳）を好んでも学問を好まなければ、正しい判断ができなくなる（情に流され欺《あざむ》かれる、何かに眩《くら》んで全体を見失うなど）という愚の蔽（弊害）が生じる。

知（ものがわかること）を好んでも学問を好まなければ、（空理空論に走って支離滅裂となり）とりとめがつかなくなるという蕩の蔽が生じる。

信（義）を好んでも学問を好まなければ、（過信、軽信、迷信、小信を固守して全体が見えなくなり、自分が騙《だま》されたと思うと）人を傷つけてしまうという賊の蔽が生じる。

（正）**直**を好んでも学問を好まなければ、（他人の心中を推し量る、推察するなど）人の過失を直裁に非難・批判して対人関係を窮屈にさせるという絞の蔽が生じる。

勇（敢）を好んでも学問を好まなければ、（いたずらに血気に逸《はや》って）家庭や地域社会の秩序を乱すという、乱の蔽が生じる。

剛（毅）を好んでも学問を好まなければ、（剛毅一徹となって顧みることをしないから）狂気の沙汰に走るという狂の蔽が生じる。

ここでいう学問とは、『大学』の「三綱領（①明徳を明らかにする。②民を新たにする（親しましむる）。③至善に止まる）[1]」のこと。

1 自分が生まれつきもっている素晴らしい徳を発現すること。
2 自分の修養にとどまらず、他の人にも及ぼすことで、1人ひとりの徳を発現するように導くこと。
3 この2つが到達した状態を維持できるように自覚するように努めること。

人を束ね動かせる能力が求められるリーダーにとって、仁、知、信、直、勇、剛の6つの徳が備わっているか否かは、人望の差となってあらわれてくる。

「リーダーにとっての人望とは、部下を引っ張っていく能力ではなく、部下がついてきてくれる能力である。そして、それは、リーダーが決めることではなく、部下が決めることである[2]」

リーダーは、「六言六蔽の一部始終を部下に見られている」ということを真摯《しんし》に自覚すべきである。

（1）60頁「修己治人《しゅうこちじん》」参照。
（2）アメリカンフットボールの名クオーターバック・スティーブ・ヤング氏の言葉。

努力を重ねて結果が生まれる

水到渠成

（すいとうきょせい）

学を積めば自然に道が修まるように、水が流れるとひとりでに渠《みぞ》ができるという意味。

求められるのは能動的な取り組み

「学問の根深うして方《まさ》に道固し。功名の水到って自ら渠成る」という中国の詩がある。

ここから、「水到渠成」という禅語が生まれた。

水が流れさえすれば自然に渠ができるが、その水の流れが止まってしまうと、たちまち渠はなくなってしまう。

自然の理を通しながら学を積む（＝積学）という姿勢を示しているが、よく考えてみたい。

水が流れるのは源があり、流れ続けることを可能にする水源があるからだ。

だが、雨が降らず、山からの雪解け水が尽き、地中深くからの湧き水が噴き出さなくなれば、水源は枯渇してしまい、水の流れは止まり、やがて渠は跡形もなくなってしまうことになる。

学を積む（＝積学）とは「学問の功を積む」ことであり、良い結果を生み出す行為を積み重ね、それを全うするために努力を重ねるという意味がある。

季節が到来すれば、雨や山の雪解け水によって水源を満たすことができるが、これは受動的である。

季節に頼らず水源を潤わせるには、地下水が自然に地表に涌き出る泉を確保するか、泉を掘りあてるなど能動的な取り組みが求められ、これは上に立つ者にとって必要な姿勢である。

泉から水が絶えず湧き出るようにたとえた言葉の泉、知識の泉、知恵の泉、教養の泉、希望の泉など数々の泉を用いた熟語からは、枯渇の気配を感じ取ることが難しい。

ゆめゆめ「学問の根浅うして方に道暗し。汚名の水到って自ら渠成らず」とならないことである。

水五訓

ＪＲ東北新幹線のくりこま高原駅（宮城県栗原市）前には、直径10メートル高さ11メートルもある栗原大水車があり、その傍らに「水五訓」を印した碑文がある。

1　自ら活動して他を動かしむるは水なり
2　常に己《おのれ》の進路を求めて止まざるは水なり
3　障害にあい激しく其《そ》の勢力を百倍し得るは水なり
4　自ら潔うして他の汚れを洗い清濁併《あわ》せ容《い》るるの量あるは水なり
5　洋として大海を充し発しては蒸気となり雲となり雨となり雪と変じ霰《あられ》と化し凝りては玲瓏《れいろう》たる鏡となり而《しか》も其の性を失わざるは水なり

安土桃山時代の武将で、豊臣秀吉の軍師として活躍した黒田如水（官兵衛）の作（諸説があり、その真偽は定かではない）といわれている。

また、〝水〟を〝人〟と読み替えてみると、人としての根本を説いたものであることがわかる。


1は、自ら模範を示すことや周囲を牽引する力。

2は、自ら考えて道を拓くことのできる力。

3は、困難に直面した時その困難を巨大なエネルギーに転化する力。

4は、大きな目標に向かっていくために問われるさまざまな感覚、リズム、方法、価値観を排除しないという力。

5は、本性を変えることなく、変化に対処するために柔軟であることの力。


我田引水にしてはならない。

多すぎてもダメ、少なすぎてもダメ

宥座之器（ゆうざのき）

空の時は傾き、ほどよく水を入れると正しく水平を保ち、水をいっぱい入れるとひっくり返る、宥座の戒《いまし》めをなす器のこと。

400年続いた「学校様」

栃木県足利市昌平町《しょうへいちょう》には、地元の古老から「学校様」と呼び親しまれている足利学校がある。町名の由来は、孔子の生地「昌平郷」から名づけられた。

「学校様」とは、1549（天文18）年7月、鹿児島に上陸したスペイン人宣教師のフランシスコ・ザビエルが、インドのイエズス会に宛てた書簡のなかで、「日本国中もっとも大にして、もっとも有名な坂東の大学」と記された日本最古の学校のことである。

創建は、奈良時代の国学の遺制説、平安時代の小野篁《たかむら》説、鎌倉時代の足利義兼《よしかね》説などの諸説があって明らかではないものの、名実ともに学校としての形態を整え隆盛したのは、関東管領《かんれい》・上杉憲実《のりざね》が1439（永享《えいきょう》11）年に初代庠主《しょうしゅ》（校長）として鎌倉円覚寺《えんかくじ》の僧・快元《かいげん》を招へいしてからのこと。

廃藩置県により足利藩が廃止される1871（明治4）年までの430年余の間、庠主23代にわたって人材教育が行われ、最盛期には3000人の学徒を擁したという。

教育内容は儒学を中心にしたものだが、易学《えきがく》、天文学、兵学、医学等の実用主義的学問なども重用され、宣教師ルイス・フロイスの著した『日本史』には、総合大学として紹介され、遠くヨーロッパまで名声を博していた。

1990（平成2）年、「史跡足利学校跡保存整備事業」によって江戸時代中期の姿に甦《よみがえ》った学校の方《ほう》丈《じょう》には、「宥座之器」がある。

孔子が魯《ろ》の桓公《かんこう》の廟《びょう》を参詣した折、欹器《きき》（斜めに立つ金属の器）が目に止まった。
廟守に問うと「宥座の戒めをなす器である」＝「宥座之器」とのこと。

虚《きょ》なれば則《すなわ》ち傾《かたむ》き（虚則欹）
中《ちゅう》なれば則ち正《ただ》しく（中則正）
満《み》つれば則ち覆《くつがえ》る（満則覆）

宥の訓読みは、〝なだめる〟である。その意味は、①緩やかにする、②寛大に処する、③穏やかにする、④荒立てないようにする――などがある。

中庸を学ぶ

『荀子《じゅんし》（宥座篇）』には、「満ちて覆らない者はいない」と弟子たちに無理をすることや満ち足りることを戒め、中庸の徳、謙譲の徳の大切なことを教えていることが記されている。

　足利学校には、一口湯飲みほどの銅器が、２本の鎖によって吊るされた状態で展示され、次のような説明が書き添えられていた。

この「宥座之器」は、孔子の説いた〝中庸〟ということを教えるものです。
よくいう言葉に〝腹八分目〟というのがあります。
人は食べすぎれば、お腹を壊します。
といって、食べなければ、体力がつきません。
食べ過ぎもせず、食べ足りなくもない、〝腹八分目〟の状態が理想なのです。
それを〝中庸〟といいます。
この器に、水を少しずつ、ゆっくりと入れてみて下さい。
傾いている器が、だんだん水平になってきます。
さらに、入れつづけると、器は傾いて、水はこぼれてしまいます。
入れ足りなくてもだめ、入れ過ぎてもだめ。
ちょうどよい分量のとき、器は水平を保ちます。
これを〝中庸〟というのです。

中は、偏ならず倚《き》ならず、過不及《かふきゅう》無きの名なり。
庸は平常なり。

「宥座之器」の学びから得られるものは少なくない。
身近に置いて戒めとしたい。

困難な時こそ問われる真価

盤根錯節
（ばんこんさくせつ）

人の真価は、物事が複雑に入り組んで、とても解決困難な状況に遇った時こそ試されるという意味。

天の時、地の利、人の和

2009年のNHK大河ドラマ「天地人」は、戦国大名・上杉謙信の子景勝を支えた文武兼備の智将・直《なお》江《え》兼続《かねつぐ》を描いた小説をドラマ化したものであった。

かつて上杉謙信を題材とした大河ドラマは、1969年に、武田信玄との川中島の戦いを描いた「天と地と」があった。

「天と地と」のタイトルも、「謙信公曰《いわ》く、天の時（天のめぐり合わせが良く）、地の利に叶い（地勢の有利さに恵まれ）、人の和とも整う（家臣・領民がよくまとまっている）。この3つの条件を満たす大将を、日本や中国の歴史、神話の時代に遡《さかのぼ》っても見たことがない。もっともこんな大将がいたら、戦は起こらないし、敵対する人物もいないだろう[1]」からとったもの。

もともと、「天の時は地の利に如《し》かず、地の利は人の和に如かず」という『孟子』の字句があり、これを引用したようだ。

「国を治めるためには、天の時、地の利、人の和、つまり天地人の3つが整わなければならない」との考えに立って執政に当たった人、それが兼続である。

国を経営に置き換えても、人の和の大切さに変わりはない。

彼の兜《かぶと》の前立ち（正面の飾り部分）に掲げた「愛」の一文字は、行動の規範となる義を重んじることであり、その義とは仁（＝愛）の実践にあるという謙信の考え方の象徴ともいわれ、合戦の場ではずいぶんと異彩を放っていたようである。

「上杉謙信の家訓」に学ぶ

「不遇盤根錯節何以別利器乎＝盤根錯節に遇わずんば、なんぞもって利器を別《わか》たんや(2)」……なのだが、「盤根錯節に遇うて利器を知る」の読み方のほうがわかりよい。

「盤根」は、曲がりくねった木の根。「錯節」は、入り組んだ木の節。

要約すれば、「人の真価とは、物事が複雑に入り組んで、とても解決困難な状況に遇った時こそ試される」となる。

介護保険を含めた社会保障制度は、「盤根錯節」の状態から、「利器を知る」の発揮が問われている。

「利器を知る」者は、給与改善に加えて、さらなる人財育成と地域社会への貢献に向けた青写真を示していくはずだ。

関が原の戦いを挟んで、石高《こくだか》120万石から15万石まで減らされながらも家臣を減らすことなく幕末までの2百余年を米沢で治め続けた上杉家は、儒学者細井平州《へいしゅう》(3)を招いて藩校・興譲館《こうじょうかん》を開いて人財教育に努めたが、そこには謙信の残した「宝在心《ほうざいしん》（上杉謙信の家訓16ヶ条）」の心が引き継がれていたようだ。

1 心に物なき時は、心広く体泰《ゆたか》なり
2 心に我が侭《まま》なき時は、愛敬《あいきょう》失わず
3 心に欲なき時は、義理を行う
4 心に私なき時は、疑うことなし
5 心に驕《おご》りなき時は、人を教う
6 心に誤りなき時は、人を畏《おそ》れず
7 心に邪見なき時は、人を育つる
8 心に貪《むさぼ》りなき時は、人に諂《へつら》うことなし
9 心に怒りなき時は、言葉和《やわ》らかなり
10 心に堪忍ある時は、事を調《ととの》う
11 心に曇りなき時は、心静かなり
12 心に勇ある時は、悔やむことなし
13 心賤《いや》しからざる時は、願好まず
14 心に孝行ある時は、忠節厚し
15 心に自慢なき時は、人の善を知り
16 心に迷いなき時は、人を咎《とが》めず

自らの資質を鍛えるためにも、1つひとつの心に問いかけることを勧めたい。

（1）謙信の言葉を記した『北越軍談・謙信公語類』から。
（2）『後漢書・虞ク伝』から。（3）58頁「休戒威董《きゅうかいいとう》」参照。

大切なものを見失わないように

凡事徹底

（ぼんじてってい）

当たり前のことを徹底して行うという意味。

スタッフの信頼を得るために

「徳を積み、徳が充実すればするほど、人を侮《あなど》ることなどなくなるもの。たとえば、身分の高い者を侮れば、決して心服などしません。逆に、身分の低い者を侮るならば、骨身を削って働くことなどありえません。人を玩《もてあそ》ぶようなことをしていては、徳が逃げてしまいます。また、物を玩ぶようであれば志を失います。志とは、目指すべき道があるからこそ拓かれ、志に込められた言葉は道に則っているからこそ多くの人に共感を与えることができるのです」と召公《しょうこう》は、武王に諫言《かんげん》する。

『書経』の後半には、中国古代の五帝の最後、周王朝を興した武王（紀元前1100年頃）と重臣の召公の問答をふまえ、人や物への接し方を通した帝王学の心構えが記されてある。今日でも使われる「玩人喪《がんじんそう》徳《とく》、玩物喪志《がんぶつそうし》」の出自は、ここにある。

「玩人喪徳」とは、帝とはいえ、人を人として処遇しないようでは徳を失ってしまうこと。つまり、誰かまわず、相手に対して高圧的に見下したり、踏み潰すような態度をとっていると、周りの者から信頼を獲得することなどとても難しい。介護事業の場合、リーダーと部下、スタッフと利用者の関係に置き換えてみるとよい。

「玩物喪志」とは、無用・無益なものに執着してばかりいると、肝心な志を失ってしまうこと。つまり、物質的な豊かさに欲望が駆り立てられてしまうと、大切な心を見失った考え方に陥ってしまうことを説いている。介護施設には、豪華絢爛《ごうかけんらん》な建物や設備が散見され、何が有用で、何か有益なのかという思慮や工夫を欠くものも少なくない。

油断大敵

「細行を矜《つつし》まずんば、終《つい》に大徳を累《わずら》わす。山を為《つく》ること九仞《きゅうじん》、功を一簣《いっき》に虧《か》く」と続く。

「細行を矜む」とは、日常のありふれた当たり前の些細なことをいう。

〝手洗い・うがい〟の励行は、親からしつけられたイロハのイ。ところが、介護の現場でこの習慣を実践する経営者や経営幹部はどれくらいいるだろうか。

家庭的な雰囲気を標榜する所でさえ、玄関近くに手水口がない。

「細行」の積み重ねに慎重さが抜け落ちたなら、自ら築いてきた徳、すなわち信頼や信用を失って「大徳を累わす」ことになる。

たとえば、土を積み上げて20メートル（九仞）の山をつくるとき、最後の一簣（＝モッコ一杯分の土）を積み上げるというツメを怠ったばっかりに、山を完成させることができず、折角の功績が台なしになってしまうことがある。チョッとした油断のために失敗するという「九仞の功を一簣に虧く」の故事である。

中国の古典『韓非子《かんぴし》』には、「千丈の堤も蝋儀《ろうぎ》の穴をもって潰《つい》ゆ」という言葉もある。千丈の大きく長い堤防も、蝋儀の穴、オケラとアリの穴、つまり、小さな虫の穴によってくずれてしまうという意味である。

２００５年1月広島県の老人福祉施設で発生したノロウイルスの集団感染をひもとくまでもなく、その原因を探していくと、些細なことから始まる場合が少なくない。不断の努力の大切さを説いた言葉として肝に銘じたい。

介護事業は、利用者またはその家族であれ、スタッフであれ、人に向き合う姿勢に差異はない。

上に立つ者は、「玩人喪徳・玩物喪志」という言葉を胸に刻みつつ、「当たり前のことが、当たり前にできる」という心がけを怠らないことが、資質向上の第一歩につながる。

何事も「凡事徹底」。まずは、自らの何気ない日常の所作を姿見に映し出し、点検・確認を日々心がけたい。

自分のことがわかっていますか

自知者明

（みずからをしるものはめいなり）

他人を知ることよりも、自分を知るほうがはるかに難しく、これができる人は、明知の人であるという意味。

自分に勝つ強さを身につける

「人を知る者は智なり、自らを知る者は明なり」とは、『老子』にある文言である。

「人を知る者」とは、他人の能力や特質、適性などを洞察できる人であり、「智」すなわち、智者、賢い人である。

「自らを知る者」とは、自分の能力や特質、適性などを察知できる人であり、「明」すなわち明知の人、素晴らしい人である。

自分のことを棚にあげ、部下や他人（社）のことについて、ああでもない、こうでもないと批判ばかり口にするトップがいる。

これは、他人の欠点ばかり見ているからである。

反面、自分自身のことなど、知っているようで少しも知らない。

自分のことを知る手がかりの1つ、それは、スタッフや利用者から直に聞くことである。

それくらい、相手のほうが自分のことをよく知っている。

自らを知ることは自らを明らかにすることであり、あからさまにすることでもある。

だからこそトップは、自らの立場や主張を旗幟《きし》鮮明にするといった態度を〝明〟らかに示すこと。

ものの道理をわきまえた賢〝明〟な明哲保身[1]となれば、身を誤らせることもなくなる。

冒頭の文言の後段には、「人に勝つ者は力あり、自ら勝つ者は強し」とある。

真の強さ、それは、力任せに相手を倒して勝つことではなく、自らに勝つこと。これが難しい。

徳を積むことから始めよう

「修天爵而人爵従之」と書かれた扁額が、ある法人の研修ホールに掲げられていた。

「天爵を修めて人爵これ従う」と読む。『孟子（告子上）』に記された一節にある。

世の中には、天から与えられる爵位というものがあり、人から与えられる爵位というものがある。

仁・義・忠・信の徳を修め、善を行うことを楽しんで飽きることがない。これが天から与えられた天爵というものである。公とか卿とか大夫とかという世俗の爵位は、人が人から与えられる人爵というものである。

昔の優れた人は、天爵を身に修めることによって、人爵が自然に得られたのである。

ところが昨今の人は、天爵を身に修め、それを手段として人爵を求めている。

だから、人爵をすでに得てしまうと、天爵を修めるのはもはや用もないものとして棄《す》ててしまうが、それは考え違いもはなはだしいことである。

そのような心がけでは、結局は、せっかく得た人爵をもまた必ず失ってしまうに違いないだろう。

人爵という、人が判断してつけ加えた価値に従って右顧左眄《うこさべん》(2)しているようではよくない。

人は、誰でも自分の心の中にある徳（良心）を積むことができるようになれば自ずと天爵を修め、人爵など否応なく従ってくるもの。

天爵と人爵の違いは、認知症の人が意外なほど見抜いている。

開設から50年を経過したこの法人の中庭には、石造の二宮金次郎像が立っていた。

(1) 94頁参照。
(2) 右を振り向き、左を流し目で見る意。人の思惑など周囲の様子をうかがってばかりいて決断をためらうこと。

つもり違い10か条

人中之竜

（じんちゅうのりゅう）

多くの人のなかにあって、才能が非凡で、計り知れないような人物のこと。

非凡な才能を発揮するには

干支の辰には、草木の形が整った状態を表しているとされる意味があり、神話上の動物である竜が割り当てられた。

竜は、〝恐竜〟（化石時代の大型爬虫類《はちゅうるい》）、〝竜神〟（神格化された竜）、〝竜宮城〟（乙姫などが住むという想像上の宮殿）、〝竜顔《りゅうがん》〟（天子の顔）、〝竜駕《りょうが》〟（天子の乗り物）、〝臥竜《がりょう》〟（天にも昇る勢いや能力をもちながら、じっと横になって寝ている竜にたとえ、蜀《しょく》の諸葛孔明《しょかつこうめい》になぞらえ優れた能力をもちながら、世に知られていない人物）など、いずれも優れているという意が含まれている。

〝人中之竜〟の出自は、『晋書《しんしょ》』の「太守《たいしゅ》馬《ば》岌《きゅう》歎《たん》じて曰《いわ》く。名は聞くべけれども身は見るべからず、徳は仰ぐべけれども形は観るべからず。吾而今而後《われじこんじご》、先生の人中之竜たるを知るなり」にある。

非凡とは、多くの人よりはるかに優れていることをいい、そのような人のことを「非凡な人」という。その逆が平凡であり、そうした人のことを「平凡な人」という。

ゲーテの名言に「自分にできること、あるいは夢に思い描いていることはすべて実行に移すことだ。大胆であれば、非凡な能力と不思議な力を発揮できる」とある。

非凡な才能を発揮するには、大胆さを欠いてはならない。

「非凡（な人）」と「平凡（な人）」の違いはここにある。

昇り詰めればあとは下るのみ

中国の黄河上流の急流には、ここを登った鯉《こい》は化して竜になるといわれ、竜門伝承となった〝登竜門《とうりゅうもん》〟がある。

困難ではあるが、そこを突破すれば立身出世の道が開けるという由来は、『後漢書』に記された故事による。

また、天に登っていく竜、その姿を描いた絵のことを〝登り竜〟というが、鯉の滝登りとしても知られている。

だが、天高く昇りつめた〝亢竜《こうりゅう》〟は、それ以上に昇ることができなくなるばかりか、それ以後は下るしかなくなるため、それを悔いるしかないという〝亢竜有悔〟を記した『易経』には、「亢竜悔《く》い有《あ》りとは、盈《み》つる時は久しかるべからざるなり」と、富貴栄華を極めることを戒《いまし》めている。

介護保険制度の施行とともに起業し、創立10周年を越える事業所の多くは、〝臥竜鳳雛《ほうすう》〟(優れた人が好機をつかめず、市中にうずもれていたというたとえ)から〝人中之竜〟として地域ケアを支える要としての期待が高まっている。

だが、勘違いをしてはいけない。

高いつもりで低いのが教養
低いつもりで高いのが気位
深いつもりで浅いのが知識
浅いつもりで深いのが欲の皮
厚いつもりで薄いのが人情
薄いつもりで厚いのが面の皮
強いつもりで弱いのが根性
弱いつもりで強いのが自我
多いつもりで少ないのが分別
少ないつもりで多いのが無駄

という「つもり違い10か条」を説いた言葉がある。

頭は竜のように立派だが、尾は蛇のように尻すぼみになるという意から、初めは勢いがよいが、終わりはふるわないという〝竜頭蛇尾《りゅうとうだび》〟とならぬよう心を引き締めたい。

井の中の蛙《かわず》とならないため

心稍怠荒

（こころややたいこう）

やる気を失いかけたときの意味。「便《すなわ》ち我より勝れる人を思え、則《すなわ》ち精神自ずから奮《ふる》わん」自分より勝れた人のことを考えると、やる気が奮い立ってくると続く。

比べる視点や対象を変えてみる

「事稍払逆《ことややふつぎゃく》せば、便ち我に如《し》かざるの人を思え、則ち怨尤《えんゆう》自ずから消えん。

心稍怠荒せば、便ち我より勝れる人を思え、則ち精神自ずから奮わん」

『菜根譚《さいこんたん》』の一節にある。前半は、思い通りにならない時は、自分より条件の悪い人のことを考えてみることだ。すると不満が消えてしまうものであるというのが大意である。

介護報酬改定により報酬が少なくなることを「事稍払逆」と感じて、「心稍怠荒」とへこむトップやリーダーは少なくない。

報酬ありきで仕事をしているわけではないものの、改定も回を重ねれば、改定率の増減幅や他の介護サービスとの比較をしたくなるのが人情の自然である。そうした比べ方に終始したところで解決の糸口は見えないからこそ、比べる視点や対象を変えることで活路を開くことである。

だが、わが事業所（の職員）よりも勝れた事業所（の職員）をいくつかあげることができたとして、その勝れた点を評価して模範にしなければならないと、やる気を奮い立たせるようなトップやリーダーは決して多くはない。

人生あいうえお

自分の力量をわきまえることなく、仲間うちで威張ること。知識も力もないのに尊大に振る舞うことを「夜郎自大《やろうじだい》」という。

「夜郎」は、漢の時代、中国の西南部にあった小国の名前。「自大」は、自分を大きく見せる尊大な態度のこと。

漢の使者がこの小国に立ち寄った際、漢の強大さを知らなかった夜郎国の王が「漢と我といずれが大なるか」と尋ね、「世間知らずで自信過剰」に「夜郎自らを大なり」と自国の力を自慢した故事が『史記』にあることに由来している。

類義語の「遼東《りょうとう》之《の》豕《い》」は、世間知らず（独りよがり）の慢心で、他の考えを聞こうとしないこと。

遼東とは、中国遼寧《りょうねい》省南部地方。豕は、豚のこと。

そこの豚はみな黒なので、頭の白い豚が生まれたことを珍しがって河東まで持って行ったところ、そこの豚はみな白かったことから、とても恥ずかしい思いをして帰ってきたという『後漢書』朱浮《しゅふ》伝の故事に由来したことわざである。

ここから転じて、自分だけが特別に偉い者だと勘違いをしていい気になっている人のたとえとして用いられる。

どちらも「唯我独尊（世の中で自分だけが偉いと思いあがること）」であり、「井《せい》蛙《あ》之《の》見《けん》（見識が狭いという意味をもつ井の中の蛙《かわず》のこと）」である。

訪問先の介護事業所で目に飛び込んだのが「人生あいうえお」だ。

あ　明日死んでも悔やまない今日を過ごす。

い　生きる（活かされる）目的を絞ると人生の迷いが少なくなる。

う　運はめぐる、つかむチャンスは一瞬。

え　「偉い」と自分でうぬぼれる人は、中身の薄い人である。

お　同じ24時間でも、過ごし方で何倍にも価値が出る。

自分より勝れた人のことを考える材料になれたらうれしい。

熱意と努力する気持ちを失わない

愚公移山
（ぐこういざん）

滾《たぎ》る熱意と弛《たゆ》まぬ努力を続ければ、どのような大きな事業であろうとも、いつかは成し遂げられるという意味。

熱意と努力が山をも動かす

「愚公移山（愚公、山を移す）」という故事が『列子《れっし》（湯問篇《とうもん》）』ある。

熱意と努力を惜しまなかった古老愚公は、ついに山を動かしたという寓話《ぐうわ》からきた言葉である。

昨今、愚考（愚か人の考え）、愚行（愚か人の行動）の横行闊歩《かっぽ》が目にあまる時代となって、愚公の嘆きもいかばかりかと察する。

話の粗筋《あらすじ》は、こうである。

昔、中国・黄河下流の山麓《さんろく》に、北山の愚公という90歳になる古老が住んでいた。

家の前には、2つの大きな山が立ち塞《ふさ》がっていたので、どこへ往来するにも遠回りしなければならないほど、支障を来していた。

「この険《けわ》しい山を平らにして、道を開こう」

愚公を先頭に、一家総出による道づくりが始められた。

いざ、作業にとりかかったものの、子どもや孫の手伝いに頼った作業では、年月が過ぎるばかり。

遅々として、進まなかった。

じっとこの様子を眺めていた、黄河の畔《ほとり》に住む老人がいた。

ある日、老人は嘲笑混じりに、「愚公よ、あなたは、あまりの考えなしだ。残りの人生、あとわずか。とてもじゃないが、平らにするなどできっこない（笑）！」と声をかけてきた。

愚公は、「あなたの凝《こ》り固まった心では、何もできっこない。私が亡くなっても、この土地で暮らし続ける子や孫たちがいる限り、道づくりは引き継がれ、いつか必ず成し遂《と》げられるであろう！」と、この作業が単なる思いつきではなく、遠大な構想に立っていて、その決意は少しも揺らいでないことを熱く語り始めた。

この２人の話を聞いていた山に住む神は、愚公が山を切り崩すことを止めないだろうと天帝（天の神）に報告。

愚公の姿に感銘した天帝は、２人の神に山を１つずつ背負って、北と南に運ぶように命じたという。

急ぐべからず不自由を常と思えば、不足なし

人の一生は重荷を負《おい》て
遠き道を行くが如し
急ぐべからず
不自由を常と思へば
不足なし
こころに望おこらば
困窮したる時を思ひ出すべし
堪忍は無事長久の基
いかりは敵と思へ
勝事《かつこと》ばかり知りて
まくることをしらざれば
害其身にいたる
おのれを責めて人をせむるな
及ばざるは過ぎたるより
まされり

徳川家康が、１６０３（慶長８）年正月15日に残した東照公御遺訓である。耐えに耐えて天下を統一した家康の人生哲学がよく表れた人生訓でもある。

愚公は山、家康は重荷、それぞれが背負ったものは異なるものの、「人生で一番の重荷を自ら背負って立つ」という点では、共通すべき心の構え方を見ることができる。

創立してから5年、10年、20年、などの節目となる年を迎える際は、トップ自らが背負っているものに再点検を促したい。

滾る熱意、弛まぬ努力。萎《な》えてはならぬこの２つ。然《しか》る後、組織全体の目標達成のため、①目的、②貢献、③評価の道標を、全職員に示そう。

愚考（行）に在らず。愚公たれ。

自分からあいさつしてますか

高下在心

（こうげざいしん）

物事が良くなるか悪くなるか（高下）は、あなた自身の〝心がけ〟次第（在心）という意味（中国古典『春秋左氏伝』）。

不心得者といわれないために

「遅刻をしない」「あいさつを怠《おこた》らない」「カゼをひかない」というのも〝心がけ〟の1つ。

遅刻をしない人は、自ら進んで時間に余裕をもって出勤することを〝心がけ〟る。

あいさつを怠らない人は、自ら進んであいさつを〝心がけ〟る。

カゼを引かない人は、自ら進んで健康管理を〝心がけ〟る。

と、1つひとつを心にとどめて忘れないように〝心がけ〟ることのできる人は、心得が学ばれている。

その心得について、4つの視点から問いただしてみたい。

1　人として、承知しておくこと、わきまえておくべき事柄を心得ているだろうか。

2　社会人として、考え方、判断の仕方などを心得ているだろうか。

3　専門職として、技術などを身につけることを心得ているだろうか（例：認知症介護の心得）。

4　事業所（組織）の一員として、1つ上の職務を任用される仮の状態のことを心得ているだろうか（例：リーダーの心得）。

実は、心得の意味を解説した字句に「○○として、○○を心得ているだろうか」と加えただけのことでしかない。

心得ることを怠り、心がけの悪いことを野放しにしていると「不心得者！」呼ばわりされた時代もあったことを、今は昔のことであるとさせてはならない。

心得るべきことを疎《おろそ》かにしていると感じたら、〝心《こころ》支度《じたく》〟という心の用意から始めるのがよい。

おだわらっ子の約束

神奈川県小田原市内に入ると、学校などの教育施設、公共施設などで目にするのが「おだわらっ子の約束」の立て看板である。

1 早寝　早起きして　朝ご飯を食べます
2 明るく笑顔であいさつします
3 「ありがとう」「ごめんなさい」を言います
4 人の話をきちんと聞きます
5 もったいないことをしません
6 どんな命でも大切にします
7 決まり　約束を守ります
8 人に迷惑をかけません
9 優しい心で　みんなと仲良くします
10 「悪いことは悪い」と言える勇気をもちます

おだわらっ子は、この約束を守って幸せになります。

おとなたちも、この約束を、自ら守り、おだわらっ子に語り続けます。

そして、輝く小田原の未来を築きます。

2004年に『小田原市教育都市宣言』を制定した同市では、「しっかりした躾《しつけ》や生活規範を身につけた子どもは幸せになれる」という基本理念のもと、家庭、地域、学校等の共通理解を得て、2007年1月に策定されたのが「おだわらっ子の約束」である。

ちなみに〝心支度〟とは、心の準備のことである。

また、支度の意味は2つある。(1)

1 「出張の支度に追われる」「夕食を支度する」など、予定されている物事を実行するのに必要なものをそろえること。準備や用意すること。

2 「出かけるから早く支度しなさい」など、外出するために身なりを整えること。身じたくすること。

この10項目こそ、トップ自らの〝心支度〟を見つめ直すためのよき手ほどきとなるに違いない。

（1）『広辞苑』より。

自分に厳しく人にやさしく

省察克治

（せいさつこくち）

「省察」は、安きに流れる自分自身を省みて考えめぐらすこと。「克治」は、そのような考えを根っこから引き抜いてしまうこと。

自分の弱さに流されないために

介護職の善し悪しは、所属するトップやリーダー自身の人間形成如何《いかん》にあるといっても過言ではない。

「山中の賊を破るは易く、心中の賊を破るは難《かた》し」とは、王陽明(1)の言葉である。

人には、「良知」(2)の働きを阻《はば》む欲望や邪《よこしま》な思いが、とぐろを巻いて宿っている。

人がもつ弱さを「人欲」と表した陽明は、これに妥協し、流されてしまうような生き方を克服するには、「省察克治」の修養がいると『伝習録』で説いた。

自分の弱さのことを心の中の賊とたとえ、社会にとって有用な人をめざしていくためには、人間形成を図るうえからも「立志《りっし》」「勤学《きんがく》」「改過《かいか》」「責善《せきぜん》」の4つを鍛《きた》えなければならないというのだ。

社会にとって有用な人間をめざす

「立志」　志を立てること。

その志とは、目標を設定し、それを実現しようとする意欲のこと。

確固たる目標を設定し、粘《ねば》り強く実現していこうとする意思がなければ、何事も成し遂《と》げることはできない。舵《かじ》のない舟が水辺の波に漂ってさすらう〝漂蕩奔《ひょうとうほん》逸《いつ》〟を繰り返していては、いたずらに一生を終えてしまう〝酔生夢死《すいせいむし》〟となってしまう。

「社会にとって有用な人を目指す」と、志を立てることである。

「勤学」　学問に勤めること。

その学問とは、単なる知識の修得のことではなく、自分の人格を向上させるのに役立つ学びのこと。

謙虚な態度で自分の無能を自覚し、他人の長所は誉めながらも自分の欠点はおおいに反省するという姿勢があれば、資質は劣っていても、周囲の人から慕われる。

一生懸命に学問を学んだところで、〝鼻もちならぬ人〟とか、〝鼻っ柱の強い人〟などと陰口を叩かれるようでは、真に学びを勤めているとはいえない。

「改過」 過《あやま》ちを改めること。

過ちは犯さないにこしたことはないが、誰にでも過ちはつきまとうもの。

過ちを犯さないことではなく、犯した過ちを改めること、これができるのが賢者である。

過ちと気づいたら、素直に認めて改める態度こそが、人としての進歩や向上にもつながる。

『論語（学而1）』の「過てば則《すなわ》ち改むるに憚《はばか》ること勿《なか》れ」である。

「責善」 善を責む。つまり、善を引き受けること。

部下に善《よ》くない点があったとしても、思いやりを欠いた叱責や罵倒《ばとう》は慎《つつし》むべきである。

自分に対しては厳しく、相手には寛容となれるような善を責むには、どのように厳しく批判されようとも、真摯《しんし》に耳を傾けることのできる心を育むこと。

そのためには、スクスクと伸ばしてしまった鼻を、自らの手でへし折るくらいの鍛え方がいる。

人づくりの善し悪しの要は、人間力を引き上げることの如何に尽きるといって過言ではない。

その根本をなおざりにして、枝葉のところだけをいくら手入れしたところで、成果は上がらない。

地に深く誠の心の根をおろす人
花は根によってのみ開く
不平を言う前に自らを省み
感謝の心を持て(3)

……である。

(1) 中国・明代の儒学者で、陽明学を興した人物。
(2) 112頁「言行一致《げんこういっち》」参照。
(3) 『早川浩士の常在学場』筒井書房、補講「処世訓」から。

人が集まる10の法則

面壁九年

（めんぺきくねん）

9年間の長い間、洞窟《どうくつ》の壁に向かって座禅を組み、悟《さと》りを開いたという達磨《だるま》大師の故事から転じて、1つの目的に長い歳月をかけて心を傾け、辛抱強くやり抜くこと。

唯《ただ》ひとつのことを真面目にやればよい

面壁九年の修行から得た悟りを窺《うかが》い知ることのできる「周梨槃特《しゅりはんどく》の物語」という法話がある。

釈迦に弟子入りをした周梨槃特は、生まれつき物覚えが悪かったことから、お経の1行も覚えられずに悶々《もんもん》としていた。

その愚かさを嘆いて釈迦に破門を願い出たところ、1本の箒《ほうき》と塵《ちり》取りを渡され、「お前は、経典を覚えなくともよい。代わりに、これで毎日掃除をしなさい。掃除の間は、必ず『塵を払い、垢《あか》を除かん』と唱え続けること。これならなんとか覚えられるだろう」と教えられたのである。

その日から毎日欠かさず、何年も何年も教えられたとおりに掃除を根気強く一生懸命に続けた周利槃特は、身の回りの塵や垢のみならず、やがて自分の心の塵や垢までもすっかり取り除くことができるようになり、後に阿羅漢《あらかん》と呼ばれるまでなった。

多くの場合は、あれもこれも急いで結果を出さなければと慌《あわ》てふためく人にはなれても、唯ひとつのことを真面目にやればいいと、やりきる人は少ない。

「腹が据わっている」と自負する人でさえも、「石の上にも三年」が目安になってはいないだろうか。

実を結ぶまでには「桃栗三年柿八年、柚子のオオバカ十八年」のたとえをひもとくまでもなく、人の成長には違いがある。

目覚ましく成長する人もいるが、成長の鈍い人も少なくはない。

鈍い人に対して、「芽が出ない」と嘆いてはいないだろうか。

「悟りを開くとは、たくさんのことを覚えることではない。たとえ些細《ささい》なことであろうとも徹底すれば、それでよい」という釈迦の教え方、それを実践に移した周梨槃特から、「介護職員処遇改善」を通り一遍に実施するのではなく、その人の成長に見合ったものであるのかということを問い、学び直すきっかけに本書がなれたらうれしい。

古人の知恵を活かしてみる

椰《なぎ》の木は、その読み方が凪《なぎ》に通じることから航行の安全を願う舟に乗る人々によって信仰され、その葉を災難除けのお守り袋や鏡の裏に入れる風習がある。また、縦に伸びる葉の繊維が強いことから、引っ張っても容易に切れないため、嫁《とつ》ぐ娘の花嫁道具のなかに椰の葉を忍ばせて、嫁いだ先の家で波風を立てて縁が切れることがないようにと願う親心をくすぐるような習慣もあれば、裏も表も同じように綺麗な葉の特徴をとらえ、裏表なく正直に生きることを期する証としても重宝がられ、熊野神社の御神木としても知られる。

人間関係の荒波が絶え間なく続いている事業所にとっては、些細なことだが、古人の知恵を大切に活かしてみるのも一計である。

訪問先の介護事業所で目に留まったのが、「人が集まる10の法則」である。

1　人は人に集まる
2　人は夢の見られる所に集まる
3　人は快適な所に集まる
4　人は満足が得られる所に集まる
5　人は為になる所に集まる
6　人は感動を求めて集まる
7　人は心を求めて集まる
8　人は自分の存在感を認めてくれる所に集まる
9　人は噂になっている所に集まる
10　人は良いものがある所に集まる

ただひたすら「面壁九年」を真面目にやれば、人は集まる。

経験を活かす心構えとは

徳慧術知

（とくけいじゅつち）

徳慧は立派な人格、術知は素晴らしい才能、疢《ちん》疾《しつ》は艱難《かんなん》＝困難のこと。「徳慧術知ある者は恒《つね》に疢疾に存す」とは立派な人格と素晴らしい才能をもった人間は、困難な状況のなかで育てられていくという意味。

「風林火山」に学ぶ

2007年のNHK大河ドラマ「風林《ふうりん》火山《かざん》」は井上靖の歴史小説が原作で、生誕100年を記念して制作された。

戦国武将の1人、武田信玄の旗指物《はたさしもの》に記された4文字の出自は、中国古典の兵法書『孫子』から引用したもの。

「兵は詐《さ》をもって立ち、利をもって動き、分合《ぶんごう》をもって変をなす者なり。其《そ》の疾《はや》きことは風のごとく、其の徐《しず》かなることは林のごとく、侵掠《しんりゃく》することは火のごとく、動かざることは山のごとく、知りがたきことは陰のごとく、動くことは雷の震うがごとく、郷を掠《かす》むるには衆を分ち、地を廓《ひろ》むるには利を分ち、権をかけて動く、先《ま》ず迂直《うちょく》の計を知る者は勝つ、此《こ》れ軍争の法なり」

端的にいえば、「戦いに勝つには相手の行動を読み解き、自分に有利な条件になるよう臨機応変に物事を良く見計らったうえで行動しなさい」ということ。

主人公山本勘助は、武田信玄の軍師として得意の軍略を献策し武田軍を勝利に導いた名参謀である。

生年生地には諸説が伝えられ、諸国流《る》浪《ろう》のなかで剣術や軍学を学んで今川家への仕官を望んでいたという。信玄の家臣に推挙されたのは50歳を過ぎてからのこと。外見は片目と足が不自由で風采《ふうさい》も悪かったと伝えられているが、人生50年時代の年齢を考えればさもありなん。とはいえ、『甲陽軍鑑《こうようぐんかん》（武田軍戦略・戦術を記した軍学書）』には、彼の武功の数々が記されてある。

謎の多い主人公をあえて現代風に置き換えると、定年を迎える年になって晴れて希望する職場に迎えられ、生涯でもっとも華々しい充実時間を勝ち取った人生ドラマといったところか。

ヤル気、根気は「何クソ」という肥やしでできている

孟子は、「徳慧術知ある者は恒に疢疾に存す」という言葉を残している。

人格と才能がともに優れた人は、困難に出会って苦しみ悩み抜くもの。これを「修羅場の経験」として人生に活かせるか。一皮むけて悟りが開ける蝉蛻《せんぜい》(1)をつくり出せるか。艱難辛苦が人間形成のうえには欠かせないというところか。

ところで山本勘助は、いつ、どこで軍略を学んだのであろう。勝手な推測だが、フランシスコ・ザビエルが「坂東の大学」(2)とインドのイエズス会に宛てた書簡に記した足利学校ではないかと考える。

この学校は、平安初期から鎌倉初期に創設されたと伝えられる中世を代表するわが国の高等教育機関であり、縁故を頼った学生が常時数千人の規模で近郷近在に寄食生活を送りながら勉学に勤しんだという。

勘助が活躍した戦国乱世は、出陣や撤退など用兵上の吉凶を占う卜筮《ぼくせい》（占いの技術）、軍法や兵法などを学ぶ軍師の養成が盛んだった。信玄は、卜筮の権威者を前にし、「占いは足利にて伝授か！」と感嘆する行が『甲陽軍鑑』に記されるほど足利学校出身者への対応は違っていた。勘助は、自らの徳慧術知を磨く半世紀の時を疢疾に当てていたのだろう。

介護保険法の改正により苦境のド真ん中に喘ぐ介護事業者の方々には、自らに訪れた試練を乗り越えるためにも、「ヤル気、根気は、〝何クソ〟という肥しでできている」と、心の中で叫んでみるといい。

せっかくの貴重な体験を生かすも腐らせるも、すべては自分次第である。

(1) 180頁「蝉蛻龍変《せんぜいりゅうへん》」参照。
(2) 36頁「宥座之器《ゆうざのき》」参照。

トップ・リーダーに大切なこと

休戒威董

（きゅうかいいとう）

上に立つ者は、臣下を誉めつつ戒め（＝叱咤激励）、威を示しつつ（＝法に則って）監督するという意味。

仁知勇の3つの徳

徳川御三家筆頭尾張家の藩校・明倫堂《めいりんどう》初代督学《とくがく》（校長）となった儒学者細井平州《へいしゅう》は、米沢藩（現在の山形県米沢市）主上杉鷹山《ようざん》公に対して、「休もて戒め、威もて董《ただ》し、軽重利害より、凡《およ》そ民生を厚阜《こうふ》にする所以《ゆえん》の者は、仁知勇をもて至るなり[1]」と、トップの姿勢を説く。

「休もて戒め、威もて董す」とは、『書経』虞書「大《だい》禹謨《うぼ》」に記された「之を戒むるに休を用てし、之を董すに威を用てす」が出自。

さらに、「身分の軽い重いと、さらには役職の利害の調和から始まって、領民の生計を高めて豊かにしていくには、仁知勇の3つの徳を履行するからこそ達成できるのだ」と、進言に解説を加えながら質《ただ》す。

『中庸』には、君（上司）と臣（部下）、父（母）と子、夫と妻、兄（姉）と弟（妹）との間の道、そして友だち同士の交際の道において、世の中のどこにでも通用する五道があることが記されている。

古来わが国では「五達道・三達徳」という言葉が用いられ、人徳のある人間教育の基本とされてきた。「五達道・三徳道」とは五道に達するためには、知仁勇の3つの徳《もちまえ》（身についた才能）が不可避な関係にあり、ともに高めなければならないという意味である。

知仁勇とは、『中庸』の「学を好むは知に近し。力《つと》めて行うは仁に近し。恥を知るには勇に近し」から1文字ずつを取り出したもの。

「学びが好きなら知の徳を、学んだことを実践に努めるなら仁の徳を、そのうえで、わが身の恥を知るなら勇の徳を育てなさい」というのが、その意。

まずは自分の身を修めることから

平州が『中庸』から引用した仁知勇だが、『論語』にも「知者は惑《まど》わず、仁者は憂《うれ》えず、勇者は懼《おそ》れず（子罕《しかん》9）」と似たような言葉がある。

知者は、道理を熟知しているから（その是非、正邪を判断することができるので、事に臨んで）惑わない。

仁者は、道理に則っているから（一点の私心もなく、己の分を尽くし、人としての道を行うので煩悶《はんもん》もなく、すべての物事に対して）憂えない。

勇者は、道理を弁《わきま》えているから（心が大きく強く、道義にかなない虚心坦懐《きょしんたんかい》(2)であるから、何事に遭遇しても）尻込みなどしない。

『中庸』の後段は、「知仁勇の3つを弁えたなら、わが身の修め方がわかる。わが身の修め方がわかれば、人を治めるその治め方もわかる。人の治め方がわかれば、天下や国や家の治め方もわかる」と続く。

これをとらえて、「知者は仁徳に薄く、あるいは仁者は勇気に乏しく、勇者は知恵が足らないため、歴史上の英雄、偉人、哲人でさえ、三徳兼備に達した人など滅多矢鱈《めったやたら》にいるものではない」と、明治維新後のわが国の経済界に大きな功績を残した渋沢栄一は、自身の『論語講義』のなかで喝破している。

トップ自ら、己の身の修め方について刻苦精励《こっくせいれい》を怠《おこた》っていたとしたなら、その法人の存立は危ういということを知るべきである。

なお、実践することを何よりも大事にした平洲の名言があるので紹介したい。

「学、思、行相須《あいま》って良となす」

学問と思索と実行の3つそろって、はじめて学んだことになるのであると。

（1）上杉鷹山の師、細井平州が米沢藩の藩校・興譲館で困窮した藩の財政再建のため次代を担う藩士らに行った講義を記した『嚶鳴館遺草《おうめいかんいそう》』の一文から。

（2）心に何のわだかまりもなく、さっぱりして平らな心。また、そうした心で物事に臨むさま。

部下に慕われるトップ・リーダーになる

修己治人

（しゅうこちじん）

人を治めるには、何よりもまず自らを修めなければならない。口先、権力、地位、金品の力で人を治めることを戒め、己の修養に努めることが人の治め方にも通じるという意味。

人を治めるにはまず自分から

一昔前、小学校の校庭には、薪を背負い本を読んでいる「負薪《ふしん》少年」の像が建っていた。成人して二宮尊《そん》徳《とく》（1787～1856）と呼ばれた人物、幼名を金次郎と名乗った頃の姿である。

彼は、5歳の時に大洪水に遭い、地主だった生家は一挙に奈落の底に転落。貧しい生活を支えるため、働きながら片時も惜しまず勉学に励んだ。手に取って読んだ『大学』は、中国古典「四書五経」の1つで、孔子門下の曾子《そうし》の作。孔子と門弟との問答を集めた『論語』、曾子の門人子思《しし》の『中庸』、子思の門人に学んだ孟子の『孟子』の4つを指して「四書」という。「四書」は、「五経」(1)と並んで、江戸後期、大名諸侯が人材登用に力を注いだ藩校、町民文化を支えた寺子屋の基本教材である。

孔子の後につながる儒学思想を学ぶ「初学入徳の門」として『大学』は、学びを志した者が最初に読まねばならない入門書であった。

儒学は、一般に「修己治人」の教えといわれ、なかでも『大学』は、「大学の道」という言葉から始まる「大学教育の理想的なあり方とは、どうあるべきか」について、「明徳を明らかにする」「民を親しましむる」「至善に止まる」という「三綱領」を巻頭言に示している。

己《おの》れ自身の修養を学んで身につける者は、輝かしい立派な徳を備えるという意の「明徳を明らかにする」こと。人々が互いに親しみ和んで暮らしが営めるよう、為政者として仁愛にもとづく統治を行うという意の「民を親しましむる」こと。前段は「修己」、後段は「治人」を指し、双方が「修己治人」として一体になることを

「至善に止まる」と説く。

「治人」とは、必ずしも天下国家を治める権力者を指すものではなく、人心を束ねるトップやリーダーなどにも当てはまる。

自らをマーケティングする

尊徳は成人の後、小田原藩（現在の神奈川県小田原市）服部家の家計立直しにより農政家の実力が認められ、小田原藩大久保家の分家で旗本の宇津家の所領の野州《やしゅう》桜町領（栃木県二宮町）再興のため、37歳から26年間を過ごす。表高4000石も実質1000石に満たないほど田畑は荒れ果てていた。早朝から一軒一軒を訪ね歩き、農民の声を聞き、勤勉を勧め、自ら先頭に立って、用水路や堰《せき》や橋などの改修を行った。また、農具を与え、盛んに表彰を行った結果、収納は大きく増えて豊かな村に生まれ変わる。晩年、幕府の日光領地開拓調査を命じられ、没年までこの事業と取り組み農政家の手腕を振るい続けたという彼は、「修己治人」の人であるといわれている。

『論語』には、「吾《わ》れ十有五にして学に志す。三十にして立つ。四十にして惑《まど》わず。五十にして天命を知る。六十にして耳順《したが》う。七十にして心の欲する所に従って矩《のり》を踰《こ》えず（為政2）」とある。齢《よわい》の重ね方について、彼も意識していたに相違ない。「志学」して、「而立《じりつ》」したら、「不惑」せよ。「天命」を知ったら、「耳（順）」を傾ける。耳目を集めて養った「修己治人」が活かせたなら、何を行うにしても人の道に適う「従心所欲不踰矩」に達する。「徳望」を賞賛された尊徳翁は、「四書五経」を通して〝自らをマーケティング〞した人だったといえる。

トップ自ら「人材の質の向上」を謳《うた》い、研鑽《けんさん》を自らに課して啓発するキッカケにしたいものである。

（1）「五経」は、『易経』『書経』『詩経』『礼記』『春秋』を指す。

トップ・リーダーは健やかに

五倫五常

（ごりんごじょう）

人として常に守るべき道徳の根幹のこと。「五倫の教え（父子の親、君臣の義、夫婦の別、長幼の序、朋友の信）」と、「五常の教え（仁・義・礼・智・信）」のこと。

君主が徳を修めれば国も治まる

米沢藩（現在の山形県米沢市）の藩校「興譲館《こうじょうかん》」は、9代目藩主上杉鷹山《ようざん》の師、細井平州《へいしゅう》が名づけ親である。

4代藩主綱憲《つなのり》（吉良《きら》上野介《こうずけのすけ》の子）が学問所として興したのだが、藩財政のひっ迫から廃校同然となっていたところを鷹山の手によって復興した。もともと、初代景勝に仕えた名宰相直江兼続《かねつぐ》が設立した「禅林《ぜんりん》文庫」が始まりである。

鷹山は、藩の窮状を立て直すための人材育成道場として学問所再興を平州に託し、25年余にわたって3度に及ぶ米沢招へいを行った。

「興譲館」の由来は、平州が記した「建学大意」にある「興譲とは譲を興すと読ませる。譲を興すとは恭《きょう》遜《そん》の道を繁昌さすること也」から命名された。

噛み砕くと、上に立つ人（武士階級）は傲慢《ごうまん》になりがちだが、仁義の道を守り、自らへりくだる心意を養い、古今の聖人が恭《うやうや》しく遜する（敬う）ような道を極める人材排出の学舎といったところか。

興譲の出自は、『大学』の「一家仁なれば一国に仁興《おこ》り　一家譲《じょう》なれば一国に譲興る」にあり、君主の家に仁の心が行きわたれば、それに感化されて国中が仁の実現に奮い立ち、君主の家が譲であれば、それに感化されて国中に譲の気風が興ってくるというのが、その意である。知、仁、勇の三達徳の教えは、ここからも垣間《かいま》見られる[1]。

この藩校は、現在の山形県立米沢興譲館高等学校として、その流れと名称が引き継がれている。

なお、幕末には神奈川下荻野山中興譲館（現在の神奈川県厚木市）、徳山興譲館（同山口県徳山市）、佐賀の藩校・小城興譲館（同佐賀県山城市）、甲斐・谷村興譲館（同山梨県都留市）、私学・岡山興譲館（同岡山県井原市）など各地に同名の学舎があったという。

自らの徳を高めて身を修める

「身《み》修《おさ》まって后《のち》に家斉《ととの》う。家斉いて后に国治まる。国治まって后に天下平らかなり」と読む「修身斉家斉治国平天下」は、『大学（経1章）』にある。

「自らの徳性を高めると、身を修めることができる」に基づいた「修身」は、戦前の教育科目の1つである。また、「五倫五常」という倫理道徳の根幹があった。

だが、戦後教育から「修身」の科目は消えた。昨今は、「5教科」偏重の学歴社会が定着し、偏差値に秀でた子どもが学校で優秀な生徒として進学競争を極め、「修身在正其心者＝身を修むるは其の心を正すに在り」(2)が未発達なまま、社会人としてデビューする時代である。

日ごと繰り返される政治・経済・社会の不祥事事件、凶暴化する凶悪犯罪は、「修身」なき自己の権利主張を行う個人が、家族や地域の枠組みを越え、社会不安を増幅しているとの感が否めない。

地域ケア整備構想を掲げる介護保険に置き換えれば、安心で安全な暮らしを支え合うためにも、わが身を善く（健やか）することが、わが家、わが地域を善く（健やか）するという視点が大事だ。

たとえば、競争社会の弊害と嘆かず、競走、共走から共創へと言葉を置き変えた豊かな発想で運営推進会議に臨み、高齢者（利用者）から「五倫五常」の英知を授かる興譲の学舎となり、地域再生を共創するというのはいかがか！

（1）58頁「休戒威董《きゅうかいいとう》」参照。
（2）188頁「心訓七則《しんくんしちそく》」参照。

自分の心構えに責任をもつ

慎終如始

（しんしゅうじょし）

初志貫徹を目指して

慎終如始（終わり慎むこと始めの如し）の出自は『老子』にある。

何事も始める前に計画（目標）を立てることや、そのための準備を行うことの大切さについては、今さらながら問い質すまでもなかろう。

「1年の計は元旦にあり」と、新年を迎えるに当たって計画（目標）を立てるということは、決して珍しいことではない。

「今年の計画（目標）」の進捗状況は、いかがであろうか。

計画（目標）への達成度を何パーセントと、数値化して示すことのできる人がいる一方、箸にも棒にもかからないという人も少なからずいる。

物事の終わりにあたって、それを始める時と同じく慎重な態度で臨み、最後まで気をゆるめないこと、という意味。

体調管理は自己の責任であると決意して、体力づくり計画（目標）を掲げたとしよう。

利用者には勧めている筋トレ、ストレッチを、自らのためにと自覚してはいても、「三日坊主」を繰り返している人がいる。

他人のためにばかり忙しくして、自分のことをする暇のないことを「紺屋《こうや》の白袴《しろばかま》」というが、まさにそれである。

不摂生を背景とした体調不良を訴える前に、健康づくりへの心がけの至らなさを自らが正せないという態度こそ、問題である。

まずは、自分の心構えを改めることこそが生涯にわたる一大仕事であるとして、始めるときのように、終わり際まで慎重であり続けるという態度を初心貫徹できるようでありたい。

自分の心構えに責任がある

米国のリーダーシップ論の権威として知られるジョン・C・マックスウェルは、「私たちは自分の心構えに責任がある」として、次の5点を指摘している。

1　われわれは、何年生きられるのか自分では決められない。けれど、その年月をどのように充実させられるのかは決められる。

2　われわれは、自分の顔の美しさを意のままにはできない。けれど、その表情を意のままにはできる。

3　われわれは、人生における困難な瞬間を押さえ込むことはできない。けれど、その困難を和らげることはできる。

4　われわれは、世界の後ろ向きの空気を押さえ込むことはできない。けれど、自分の心の空気は意のままにできる。

5　われわれは、物事を無理やりにでも押さえ込もうとすることがあまりにも多い。われわれは、自分が意のままにできること、つまり心構えを改めようとすることはほとんどしない。

「今年の計画（目標）」が「三日坊主」に終わったのは、無理やりにつくらせられたから。

それとも、無茶な目標（計画）を立てたからであろうか。

足らなかったのは、「今年の計画（目標）」に向けた心構えに責任を取ろうとしない自らの態度にあると言っても過言ではあるまい。

「今年こそは、努力します」

ではなくて、

「今年こそは、訓練します」

と心構えを改め、慎終如始で臨むことを提案したい。

「計画（目標）」倒れとなる前に、努力とともに訓練を惜しむことなかれ。

コラム

磨きたい3要素　身につけたい3要素

昔から、事を成し遂げるために必要な条件として、「運」「鈍」「根」、つまり幸運と愚直と根気の3つがあると言われている。これは経営にも相通じるものがある。

●「運」のつかみ方

「運」は、幸運、不運という時の「運」のことだが、「果報は寝て待て」よろしく、黙っていても向こうから歩いてくるものではない。「運」を機会としてとらえ、文字通り自らの手や足で「運」ぶものと考えれば、チャンスを見逃がさないようにつかむ機敏さと努力のないところに「運」も「チャンス」もめぐってはこない。

とはいえ、「運去って金、鉄となり、時来たって鉄、金となる」という言葉もある。ひとたび「運」に見放されると、持っていた金も鉄の値打ちしかなくなる（バブル崩壊がこの状態）。自らの生活態度を正し、仕事に愛情を注ぎ、一生懸命に努力を続けるその姿勢に、「運」がいつの間にかピッタリ寄り添い、いつしかその流れに乗ることができるのである。

待っていたらバスが来たから「それ！」と飛び乗るようなものではない。〝始めに運ありき〟ではなく、〝始めに努力ありき〟である。

「世の中は、自分が中心となって動いているのではない」ことを思い知る時から努力が始まる。職員・スタッフを大切に思う気持ち、利用者やその家族を大事にする心が生まれる。このようなことが、頭の中の理屈ではなく、体の隅々まで染み込んだ経営者にこそ「運」がめぐってくる。

●「鈍」の鍛え方

「鈍」とは何か。遅鈍、鈍感の「鈍」である。遅鈍であってはチャンスをつかむことができず、鈍感であっては才智に富んだ人にはとても及ばないということはない。誰にだって、失敗はつきもの。この場合の「鈍」は、地道に、一歩一歩、堅実に進むという逆説的な意味として使われていると理解すればよい。つまり、経営者は「何事につけ、過剰反応するな！」ということである。

優秀な経営者ほど、自社のスタッフ（＝商品）や介護サービスには、不満や問題意識をもつのが常である。そこへクレームが度重なると、一気に火に油を注ぐことになりかねない。トップがクレームで慌てふためく姿を見せては、スタッフの戦意が著しく損なわれる。

経営は、思う通りにいかないのが当たり前、計画も遅れて当然、社員・幹部に裏切られることもある、クレームが出てこないのが不思議な状態である……など、どれ1つをとっても試練であると受け止め、いったんスピードを落としつつ、じっくり構えて対処することである。

●「根」の育て方

「根」は、いうまでもなく根気の「根」。じっと一事に気を詰め、失敗することがあっても気を落とさず初心に従って進んでいくことである。

また、眼根（視覚）、耳根（聴覚）、鼻根（嗅覚）、舌根（味覚）、身根（触覚）、意根（意識）を六根と言い、私欲や煩悩、迷いを引き起こす目・耳・鼻・舌・身・意の6つを「清浄」にすることを「六根清浄」という。

「根」の育て方とは、欲や迷いを断ち切って、心身を清らかにすることであるといっても過言ではない。

●「始末」のつけ方

「始末」「才覚」「算用」は、古来より商家に伝わる経営の三大要素であるといわれている。

「始末」は、文字通りものの「始め・終わり」のことだが、商いの世界では、始まりと結末をぴたりと合うように細かな点の帳尻を合わせること、また、「節約」することなどを指す。

ここでいう「節約」とは、①ムダを徹底的に排除する、②質素と倹約を美徳とする、③モノを有効活用する、④計画性をもってやれば、思いつきでやるよりもはるかに無駄が少なく倹約になる、などである。

賃貸やリバースバック方式など、初期投資をきわめて軽微な額に抑えた開設手法もこれに当てはまる。

●「才覚」の振るい方

「才覚」は、「始末」で金や物は節約するが決して頭脳は出し惜しみすることなく、自分の知恵や才能をフル回転させ、企画力、先見性をもって常に時代の先取りをし、切磋琢磨に努めること、その「才能」のことを指す。

ここでいう「才能」とは、独創的なビジネスを開発するアイデアのことで、創意工夫を発揮する企業家精神のことであり、ひいては、顧客を増やすことにある。

旧来の経営手法にとらわれず、既成概念を外すことから、独自の商いを新たに編み出してゆくことであるといえばわかりがよい。

初期の段階では、同業の仲間から「異才」を放つがゆえ、異端児として冷遇されることが少なくない。

顧客に対しては正論であっても、業界からは異論が唱えられることも少なくないであろう。

グループホーム、宅老所、小規模多機能型居宅介護など、従来の介護サービスのあり方に一石を投じるような発想から芽生えた先駆的な介護事業者の手法は、これにあてはまる。

●「算用」の導き方

「算用」は数字のことで、算盤《そろばん》に合うということ。せっかく、良い計画を立てても、黒字につながらなければ経営（＝継栄）の意味をなさない。

今風にいえば「事実とデータを活用する」ことから始めつつ、採算を綿密に積み上げてゆく、緻密な「経営管理」のことを指す。

ここでいう「経営管理」とは、経営として算盤に合う、採算を重んじる合理性とともに、「始末」によって得た資本を有効活用するための理財感覚のことであり、その結果、事業内容の伸張が図られていくことになる。

いかに「始末」に優れ、素晴らしい「才覚」を振るっても、要介護者や介護者、介護市場の実態をつかむために必要な「算用」の導き方を承知しなければ成功などありえない。

一見、隆盛を誇るように見える事業者であったとしても、これらの三大要素から外れた経営が行われていたとすれば、遠からず倒れる例が他業界には数多くあることを、知っておかなければならない。

コラム

〝徳〟とは何か?

●すべては私の不徳の致すところ

2005年2月、グループホームの職員が入所者を殺害するという、当時としては前代未聞の痛ましい事件が起きた。

入所者(被害者)に「腹が立った」ので殺害したとする職員(容疑者)の動機は、認知症に対するケアの難しさが生半可《なまはんか》なものではないことを改めて痛感した事業者も少なくない。だが、事の真相はどうあれ、職員(容疑者)には、入所者(被害者)の尊い命を絶つ権利などない。

「職員の不始末は、何はさておき、トップである私の責任である」と陳謝することなく、「真面目で、入所者の評判も良かった」と職員(容疑者)の人物像を淡々とマスコミに語った理事長は、経営者としての資質が問われて然るべきである。

経営の責任を預かる者にとって大事な仕事の1つが、職員の獲得、育成、配置、評価、処遇であると心得るべきだ。

昨今、「すべては、私の不徳の致すところ」(1)と、何事も自らの過《あやま》ちと受け止め詫びることのできない不心得《ふこころえ》な経営者が少なくない。

土壇場《どたんば》に立たされた時、自戒の念を抱いてこの一言を吐けるか否か。

経営者の資質がもっとも試されるのは、このような時なのだと胸に強く刻むことである。

この事件を「他山の石」の教訓として、今一度、「啓発」と「切磋琢磨《せっさたくま》」の言葉を噛みしめたい。

●「直《なお》き心」が徳を積む

「徳」という字はどのようにしてつくられたのかを紐解く。

「徳」の旧字である「德」という字は、その前身が「彳」

と「悳」によって形成された「德」という字に遡る。「直」と「心」をタテに重ねた「直き心」の「悳」の字を「とく」と読む。「悳」に行うの意をもつ「彳」が加わって「德」という字が生まれた。「直き心」とは、『論語』の「意なく、必なく、固なく、我なし（子罕《しかん》９）」をふまえた誠実で素直な心のことを指す。「意」は、思い込み。「必」は、無理押し。「固」は、固執。「我」は、わがまま。

「勝手な心をもたず、無理押しをせず、執着をせず、我を張らない」という柔軟な思考と客観性を保ちつつ「直き心」を行い続けて「徳」を積んだ人のことを人徳者、あるいは有徳者という。

『大学』の伝10章には、「君子は先ず徳を慎《つつし》む。徳あればここに人あり。人あればここに土《ど》あり。土あればここに財あり。財あればここに用あり。徳は本なり、財は末《すえ》なり。本を外にして末を内にすれば、民を争わしめ奪うを施す」とある。

介護の業界に置き換えて、この意を訳すと「リーダーは、何はさておき『徳』を積むことである。『徳』を積めば、スタッフは集い慕ってくる。集い慕うスタッフとともに働き暮らし続ける地域。その地域が豊かになると、経営も潤う。経営が潤えば、地域で働き暮らし続けるスタッフにも地域を担い続ける自負が漲《みなぎ》り、後を慕う者が続く。『徳』とは、上に立つ者の基本であり、集い慕うスタッフの働きと暮らしが潤うようでなければ経営の意味がない。経営の都合が最優先される前に、従事するスタッフが働き暮らし続ける地域に心を配るべきである。リーダーに『徳』を積む心がけがなければ、スタッフはお互いの給与の多寡のみを論じ、処遇改善が先であるとして経営が行き詰まる」となる。

介護事業のトップやリーダーは、学歴や資格取得の有無にも増して「直き心」をもつという心がけを求めたい。

『十八史略』(2)には、「徳」について次のようなくだりがある。「徳に順《したが》うものは昌《さか》え、徳に逆らうものは亡ぶ」と。

●帝王学と興亡の原理

「昭和」や「平成」などの元号採用に用いられた中国の古典『書経』は、中国古代の五帝のうち、堯《ぎょう》、舜《しゅん》および夏《か》王朝を興した禹《う》、殷《いん》王朝を興した湯《とう》王、周王朝を興した武王らを取り上げ、それぞれの王朝が紀元前１６００年代から紀元前７００年代に辿った栄枯盛衰の治世を記した歴史書である。

夏、殷、周王朝を興した初代の帝《みかど》は賢者の理想像として、逆に、三王朝の最後の帝はリーダーとしての自覚を欠いた愚者の象徴として描かれ、後世の為政者が帝王学と興亡の原理を身につける教科書として広く用いられてきた。

冒頭に登場する堯は、適材適所に人材を登用。抜擢した臣下の意見に耳を傾ける姿勢を貫くなど、リーダーとしての優れた才能を発揮した。臣下の魏徴《ぎちょう》から「偏信を捨て兼聴に励む」ことを学んだ唐の2代皇帝・太宗の例にもつながる。

禅譲(3)により帝位についた舜は、在位50年を治めた。素晴らしい英知に恵まれながら、それをひけらかすことなく、周りの人々に何でも聞き、そのうえ身の回りのつまらぬ意見にまで注意深く耳を傾けて、そこから教訓となることを引き出して自らを戒めるように励んだこと。臣下(=スタッフ)の善行をみると、それが些細な善行でも称揚することを惜しまず、とても悪行を暴くような暇などなかったこと。臣下の間に極端な意見対立が生じると、両者を比較検討して妥当な結論を導くことに努めたことなどが『中庸』に記され、孔子も「無為にしてそれを治むる者は、それ舜なるか」と『論語(衛霊公《えいれいこう》15)』のなかで高く評価している。

●リーダーとは、かくあるべし

舜の譲位により即位した禹は、舜の重臣だった皐陶《こうよう》から「どんな相手にも思いやりの心をもって接すること」や「部下の人心をよくまとめ、親しまれるようにすること」に加え「自らの徳を磨き続けること」が欠かせないこと。

また、「有能な人材を臣下(=スタッフ)に登用するには、その人物が持ち合わせる「徳」を見ぬく力を養わなければならないこと」などの指南を受ける。

なかでも皐陶が禹に示した「九徳《きゅうとく》」は、『貞観政要《じょうがんせいよう》』など中国の古典にしばしば登場するリーダーの条件であり、現代にも通じるものが少なくない。

1 「寛《かん》にして栗《りつ》」寛容だが、厳しい一面がある。
2 「柔にして立」柔和だが、一本芯が通っている。
3 「愿《げん》にして恭《きょう》」慎重だが、てきぱきと物事を処理する。
4 「乱《らん》にして敬《けい》」有能だが、相手を見下さない。
5 「擾《じょう》にして毅《き》」大人しいが、強い意志力をもっている。

6　「直《ちょく》にして温《おん》」直情だが、心は温かい。

7　「簡《かん》にして廉《れん》」大らかだが、筋は通す。

8　「剛《ごう》にして塞《さい》」剛健（たくましく健やか）だが、思慮深い。

9　「彊《きょう》にして義《ぎ》」強勇だが、善悪のケジメはわきまえている。

以上の9項目のなかから3項目に該当する者はサブ・リーダー候補、6項目はリーダー候補としての要素があるという。

早速、トップやリーダーは、自らの資質を自己評価してみるといい。

この逆は、

「こせこせとうるさく、しまりがない」
「とげとげしいのに、風見鶏《かざみどり》」
「不真面目で、つっけんどん」
「事を収める能力がないのに、態度だけは居丈高《いたけだか》」
「粗暴だが、気が弱い」
「率直にものを言わず、内心は冷酷」
「何もかも干渉するわりに、全体がつかめない」
「空威張《からいば》りで、中身が空っぽ」
「気が小さいのに、悪知恵だけは働く」

となる。

（1）ことがそのように運ぶことなく失敗や不都合が生じた時などに、そのすべては自らが至らなかったせいだとして、遺憾や反省を表明するときの冒頭に発する慣用句。
「不徳」とは、「徳」の積み重ねが足りないこと。

（2）中国の古代三皇五帝から南宋までの十八史をまとめた歴史書。

（3）血縁に関係なく徳のある者に譲位するという後継者の選び方。

Ⅱ 人間関係編

無理を通していませんか

中心転換

（ちゅうしんてんかん）

心理学の専門用語でいうところの「気づき」。物事の本質を正しくとらえる見方への切り替えを意味する。

意《い》・必《ひつ》・固《こ》・我《が》

人は元来感情の動物であり、喜・怒・哀・楽・愛・憎・欲の7つの情がある。とはいえ、これらの感情の発動が理に叶うようにうまく表現ができないのが人の常である。

自分の職位（管理者、スタッフなど）に照らして相手の肩書きや資格などから身構える人。利用者（スタッフ）への接し方が思うように運ばない人。対人関係は、感情がほつれた糸と同じように絡《から》み合うほど難しくなる。

孔子と弟子たちの問答を集約した『論語』には、人が豊かな人間社会を築き上げていくために欠かせない知恵（道理や原理原則など）を沸き立たせる言葉が実に多い。「子、四《よつ》を絶つ。意母《な》く、必母く、固母く、我母し（子罕《しかん》9）」もその1つ。

「意」とは、思い込みのことを指す。自分勝手な心。あらかじめ予断をもって物事にあることや、早合点など。

「必」とは、無理押しのことを指す。少々無理な要求でも通そうとしたり、押しつけがましい発言など。

「固」とは、固執することを指す。自説に執着して主張するのみで、他の説には耳を貸さない頑迷さなど。

「我」とは、わがままのことを指す。片意地を張る。自分だけの尺度だけで物事を測るなど。

家庭で解決できることが職場ではなかなかうまくいかないことがある（その逆も少なくないが……）。

無理・難題を押し通そうとする自分（管理者・スタッフ）がいたなら、「意・必・固・我」の点検を怠らないことだ。

「気づき」の本質を科学する

介護現場から画期的な取り組み方法が報告されるたびに耳にするのが、「気づき」という言葉である。「気づき」の力が鈍い人は、「全体を俯瞰《ふかん》する目が養われておらず、見るべき部分と全体の関係や構造が理解できていないため問題や課題の本質が見え（築け）ていない」というのが、一般的な模範解答例である。

私見だが、「気づき」の本質は、資質や素養といった特別な才能は不要であるといってはばからない。「気づき」は、「考える力」と「行動する力」の両軸が大きくかかわる。

多くの場合、「あの人はいやだ」と感じたら、その人の話など聞きたくない。数学の教師が嫌いだったので、数学まで嫌いになったのとよく似ている。

私たちの考え方は、論理的な思考とかけ離れたところで感情的に「考える力」が働いている場合が少なくない。早い話、管理者からの指示、命令を好き嫌いで受け止めていると言っても過言ではない。

「目の前にある自分の仕事を遂行するにはどうあるべきか！」と「気づき」の態度を脅迫まがいに強要する管理者がいたなら、その組織の悩みは深い。

日頃口にする「考える力」とは、思考というよりも感情に近いものが強く支配していると理解すべきである。「動かないから見えてこない。だから気づかない！」との意見もある。

「行動する力」が大事なことはいうまでもないが、嫌いな管理者の前では、スタッフの「気づき」を誘引する条件が十分に整っていないことに管理者自らが気づく（注視する）べきである。

この際、自ら徹底して嫌われる条件の整理を「意・必・固・我」の観点から洗い出してみるとよい。

個々のスタッフに「気づき（＝やる気）」の涵養《かんよう》を促すためにも、管理者は進んで自らの「中心転換」を図ることで、「考える力」の本質を科学することも、経営（継栄）のツボと心得たい。

トップが変われば職員も変わる

鞠躬尽力

(きっきゅうじんりょく)

身を屈《かが》めて謹みかしこまるさまの鞠躬、あることのために力を尽くすの尽力を合わせた言葉である。労苦をいとわず、骨を折ることを惜しまないという意味。

身を削り、人に尽くさんすりこぎの

「鞠躬尽力」は、今から1800年前、魏《ぎ》の曹操《そうそう》、蜀《しょく》の劉備《りゅうび》、呉《ご》の孫権《そんけん》の3人が覇権の角逐を競ったことが記された中国の歴史書『三国志』のなかで、名宰相諸葛孔明《しょかつこうめい》が蜀の2代目劉禅《りゅうぜん》に決意表明として著した「後出師表《のちのすいしのひょう》」(1)の結びに登場する。

小国、蜀の劉備は、裸一貫から起業した小規模経営者といったところ。

無名の存在にすぎなかった青年・孔明に対して蜀軍の軍師となるよう三度《みたび》訪問を重ねた劉備は、徹底した謙虚な態度と深い信頼をもって接したことから、彼の姿勢に信服した孔明は幕下に加わる。

これが、目上の人が礼を厚くして、目下の人に対して仕事を引き受けてもらえるように頼むという「三顧《さんこ》の礼」の故事である。

劉備と孔明の関係は、「身を削り、人に尽くさんすりこぎの、その味知れる人ぞ尊し」という道元禅師の言葉に置き換えてみることができる。

劉備の三顧の知遇に感激した孔明の態度は「身を削り、人に尽くさんすりこぎの」であり、「その味知れる人ぞ尊し」は劉備の姿勢といってよい。

孔明は、劉備亡き後、子の劉禅に対してもこれまで同様、粉骨砕身の姿勢になんの変わりもないことを「鞠躬尽力、死して後やまん」と表明して、宿敵の魏との戦いに出陣した。

リーダーが身を削る覚悟で先頭に立って働けば、自ずと部下もその気にならざるをえない。

部下との絆に弛緩《しかん》(ゆるみ)はないか。

「率先垂範《そっせんすいはん》」と「率先躬行《そっせんきゅうこう》」

「職員の意識が、バラバラだ！」と悩むトップは、少なくない。

時間を守る人、守らない人。業務に積極的な人、消極的な人。利用者第一と考える人、必ずしもそうとはいえない人。

「時間を守るように！」「積極的な姿勢を示すように！」「利用者第一と考えるように！」とリーダーを問い詰めたところで、トップ自らが言行一致の姿勢（本性）をなおざりにしていては話にならない。

「時間が守れていない」「積極的な姿勢がとられていない」「利用者第一と考えていない」という者がいたなら、それは個々の職員の問題であるという前に、トップ自らの課題であると受け止めること。

バラバラなのは職員ではなく、トップの意識が鍛錬されていないから。

何事も「率先垂範（先立って模範を示す）」「率先躬行（先立って自ら行う）」という日々の実践が不可避である。

「トップの心構えが、（玄関の履物同様(2)）駐車場に表れている！」

これは、施設の居室の窓越しから眺める利用者が、主任を相手に口を滑らせた一言だ。

この報告は、即座に施設長から理事長へと伝わった。無造作に止められた車、整然としない車列などの光景を3階の利用者の居室から目の当たりにした理事長は、「背筋がゾーッとした」という。トップの心構えは、職員に影響を与えるばかりではなく、利用者1人ひとりから、その一部始終を見られている。

「当たり前のことが、当たり前にできる」ようにと、些細なことを大事にしているだろうか。何事も凡事徹底(3)。

「ご精が出ますね！」と、身を粉にして働く者に心から賞賛の言葉をかけることのできるトップの周りには、「鞠躬尽力」で応える職員で満ち溢《あふ》れている。

（1）蜀の劉備亡きあと、その子劉禅を補佐した諸葛孔明が、魏を討つための出陣にあたって劉禅に奉った2回の上奏文の1つ。「後出師表」は、本人の作ではないとの説がある。
（2）172頁「脚下照顧《きゃっかしょうこ》」参照。
（3）40頁「凡事徹底」参照。

トップとして包容力を高める

徳隋量進（とくずいりょうしん）

徳は量に随《したが》って進み、量は識に由《よ》って長ず。見識を深めることで包容力が高められ、その包容力を高めることで人格が向上するという意味（『菜根譚《さいこんたん》』）。

人に対して寛容であれ

人格は、包容力が高まるにつれて向上する。その包容力は、見識が深まるにつれて高まるという。見識は、「物事の本質を見通すこと、物事についてのしっかりとした考え方、優れた判断力を発揮すること」などをいうのだが、「人には寛容であれ」と、人を許し受け入れ、咎《とが》めだてしないなど、寛大になれというのである。

具体的には、

1　部下の欠点は、できるだけ取り繕ってやること。むやみに欠点を暴き立てることをしてはならない。

2　頑固な部下には、辛抱強く説得を繰り返すこと。感情的になって突っかかることをしてはならない。

3　部下を叱責する時は、厳しすぎる態度で臨まないこと。相手に受け入れられる限度を心得ておかなければならない。

4　部下を教え導く時は、あまり多くを期待しないこと。相手が実行できる範囲内で評価しなければならない。

これらを実践するには、

小さな過失は咎めない。

隠し事は暴かない。

古傷は忘れてやる。

という3つを心がけることで、自らの人格を高め、人の恨みを買うこともなくなるというのだ。

「とても難しい！」と、サジを投げたくなるトップやリーダーであったとしたら、人間観を備えた介護職の質の向上は難しいと言わざるをえない。

進むためには、退くことを考える

『菜根譚』には、バランス感覚と中庸を重んじるくだりがある。

「進むためには、退くことを考える」が、それだ。

前に進む時は、退くことを考えること。垣根に角を突っ込んだ羊のように、身動きがとれなくなるという心配は解消される。

手をつける時は、手を引くことを考えること。虎の背中に乗った時のように、むやみに走り続けることの危険から免れる。

喜びに浮かれて、安請け合いをしてはならない。

酒の酔いに任せて、怒りを爆発させるようではならない。

好調に気を許して、手を広げすぎてはならない。

疲れたからといって、最後まで手を抜いてはならない。

忙しい時、慌ててしまうことがある。そうであってはならないと考えるなら、暇な時にこそ、精神力をしっかりと鍛えておかなければならない。

絶えず不愉快な忠告を耳にして、思い通りにいかないことを抱えているからこそ、見識を深め、包容力を高め、その包容力を高めることで自らの人格を向上させることができるのである。

細事の処理にも手を抜かない。

人目のないところでも悪事に手を染めない。

失意の時でも投げやりにならない。

「あたりまえ」というのではなく、感謝の心をもって「ありがとう」と口にしている。

「だから、なに?」というのではなく、賞賛の心をもって「おめでとう」と口にしている。

「もう、ダメだ」というのではなく、希望の心をもって「これからだ」と口にしている。

「なりたいな」というのではなく、決意の心をもって「なってみせる」と口にしている。

「もういいや」というのではなく、忍耐の心をもって「まだ待とう」と口にしている。

人間観は、偏に人格を高めることに尽きると自らの姿勢を口にしている言葉から顧みてほしい。

他人の力を使うのが優れたリーダー

随処作主
（ずいしょにしゅとなる）

ずいしょさくしゅとも読む。
人は、どのようなところにあっても主体的にとらえられることが大切という意味（禅語）。

基礎は汗！

筆者の主宰する塾に〝塾頭〟と呼ばれ、塾生から一目を置かれる人がいた。大手企業を定年退職後、介護保険の施行と同時に介護施設に再就職。副施設長となるかたわら、ＩＳＯの認証、プライバシーマークの導入などを通して積極的に組織力強化に取り組んできたが、２００７年3月末で現職から身を引くことになった。退職後は、自身がやり残したことに全力を注いでいる。

誰に対しても謙虚さを貫く姿勢は、いつも頭が下がるばかり。そのうえ、大学時代に弁論部で鍛えたノドから発する朗読は、聞く者を魅了するほど心に響く語り巧者でもあった。

リーダーたる者は、「基礎は汗[1]」という汗をかくことを心がけるべきであると、同氏は喝破していた。

「キ＝希望」（リーダーは、部下に）希望を与えることができるか。

「ソ＝率先垂範」（リーダー自ら）実行しているかどうか、（部下は）常に見ている。

「ハ＝話し合い」（リーダーは、部下との）コミュニケーションを大切にしているか。

「ア＝遊び」（リーダーは）仕事だけでなく、〝遊び〟にも通じているか。

「セ＝責任感」（リーダーは、部下の）とった行動に対して、自分で責任をとれるか。

「キソハアセ」が「基礎は汗」と語呂もよく覚えやすい。部下を動かす、

部下を育てる、部下の働き方を評価するには、もとより、リーダー自らが「基礎は汗」という5種類の汗

をかけという。けだし至言だ。

上君は人の智を尽くす

リーダーは、どうあるべきか。

中国の戦国時代末期、韓の公子として生まれた韓非《かんぴ》は、「下君は己の能を尽くし、中君は人の力を尽くし、上君は人の智を尽くす」と、『韓非子』のなかで説いている。君主をリーダーに置き換えてみると、人並みのリーダーは自分の能力を使い、人並みはずれたリーダーは他人の力を使い、人に秀でたリーダーは他人の知恵を使う、といったところか。リーダーには上、中、下の3つのランクがあることを見事に見抜いている。

多くのリーダーは、すべて自分で考え、決めてしまうといった独り相撲《ずもう》を取りたがるタイプが少なくない。

つまり、下というわけだ。

しかし、上に納まればよいのかというと、そう簡単なものでもない。リーダーが自滅する原因の1つに「忠臣（部下）の意見を聞かないこと」をあげている。自らの考え方がどうであれ、部下の意見を聞かずに意地を通すことを戒《いまし》めたたとえは、『貞観政要《じょうがんせいよう》』の名君・暗君にも通じる。

ならば、部下の意見は、何がなんでも聞くべきであろうか。進言のつもりから歯に衣《きぬ》を着せずにズバリものを申す部下の声に、リーダーの対応が豹変《ひょうへん》することもある。進言なら何でも許されるというものではない。龍をたとえに「逆鱗《げきりん》」の出所となる戒めの一文は、『韓非子』にある。

リーダーは「基礎は汗」を合言葉にして、部下や利用者との関係構築をより良くする努力を惜しまないこと。

人を使いこなすリーダーでさえ、時間に使われている者が多い。

リーダーは、誰もが等しく与えられた24時間を主体的にとらえることができるよう「随処作主」を身につけて、部下の育成に範を示したい。

（1）明電舎元社長・猪熊時久氏の言葉。

きちんと聴かせていただいていますか

長目飛耳

（ちょうもくひじ）

物事の観察に鋭敏で、見聞が広く精通しているという意味。トップが備える要件の1つ（『管子（九守編）』）。

長目飛耳とは、遠くまでよく見通す「長目」と、遠くのことを聞くことができる「飛耳」を備えよということ。

多くの方は、見聞を広めなさいと理解して、事業所の外（たとえば、他の法人や他の地域、異業種など）に目や耳を向けることであると理解したに違いない。

むしろ身近にいる職員の1人ひとりに対してさえ、見聞を広めなければならないということでもある。

十数人で始めた事業所で、50人、１００人、１５０人、２００人と職員も事業所も、その数を増やしたところが少なくない。

その結果、顔と名前の一致が難しくなってきたというトップも決して珍しくはない。

〝きく〟という姿勢

利用者と接点の多い職員の1人ひとりが、物事の観察に鋭敏で見聞が広く精通しているのかどうかということについて「長目飛耳」ができているだろうか。そのことを判別する手法として「他己紹介[1]」を勧めたい。

〝訊く〟〝聞く〟〝聴く〟

私たちは、〝きく〟といった言葉を「よく〝きき〟ましょう」と相手の言ったことを耳でとらえることや、「わからないことは〝きいて〟ください」などと相手に尋ねることを何となく〝きき〟分けている。

だが、〝きく〟を漢字に直せば、〝訊く〟〝聞く〟〝聴く〟と3つに分けることができる。

〝訊く〟は、訊（尋）問に象徴されるような相手との信頼関係をつくることもないままに問いただす、咎《とが》め尋ねるなど、詰問する態度を含むことから、責められているのではないかと受け取る職員との関係性は悪くなるばかりだ。

〝聞く〟は、門構えに耳が入ることから、相手の言葉が門構えの塀に当たったり、そのまま跳ね返ったりなど、耳には届かないこともある。自分にとって必要なことだけを都合よく〝聞き分け〟たり、真剣に〝聞く〟素振りを示しながら、その実、偽りの頷《うなず》きをしつつ〝聞き流す〟ということもある。

〝聴く〟は、聴き取る、聴き込む、拝聴、敬聴、傾聴、謹聴、静聴などに表されるように、相手の言わんとすることを相手の立場でとらえ、その気持ちにも関心を寄せて〝聴き取る〟〝聴き込む〟こと。

職員が本当に聴いてもらえたと感じられたとき、関係性は大きく改善される。

〝聴く〟ときのポイントを7つあげるので心がけるとよい。

1　聴き手はたくさん喋らない。
2　職員が伝えたい中身（内容）を、きちんと受け止める。
3　職員の気持ちをそのまま受け止める（共感する）。
4　職員の枠組みでとらえる（自分の枠組みを押しつけない）。
5　職員の発言や行動にきちんと反応する。
6　職員の体が発しているさまざまなサインに目を向ける。
7　聴くことは、職員の成長にかかわると意識して聴く。

いずれにせよ〝き〟かせていただく姿勢を忘れてはならない。

（1）自らの名前や経歴、趣味や関心事などを自身が述べる「自己紹介」とは逆に、トップ自ら、職員のことを紹介すること。日頃からの〝聴く〟という姿勢が問われる。

意見を言いやすい雰囲気をつくる

相惜顔面

（あいせきがんめん）

互いの面子《めんつ》を潰してしまっては申し訳ないとして、明らかに非であると知ってもそれを正さず、そのまま実行に移すこと。

頷き名人とならないために

首振りのパフォーマンスをうまく操る「頷《うなず》き名人」がいる。真剣に聞いてないのに、〝きく〟ふりをして頷いている人のことである。

相手との関係は、角が立たないことから、表面上はうまくいっているものと勘違いが生じやすい。

何度も何度も同じ話を聞かされて「もう（聞き飽きて）懲りごり」という場面では、首を大きく振るような人もいるが、傍目からは頷いているように見える。

〝きく〟姿勢は、〝きき〟方の意識に大きく左右されているといってよい。

ポイントは、「相手との関係をどうすべきか、どうあるべきか」ということについて、どのように考えているのかということである。

次の7項目は、「頷き名人」であるか否かを判定する項目である。当てはまらない項目が多ければ「頷き名人」である。採点結果は、いかがであろう。

1　話をしている人が終わるまで、話の腰を折らずに〝きいて〟いる

2　〝行間〟、つまり、本当の意味を汲《く》み取っている

3　相手の言葉を書き取る時、耳をそばだてて〝きき〟、カギになる事実や言葉を書き留めている

4　相手の人の発言を繰り返して、その意味を確かめている

5　相手に賛同できない時、いたずらに敵対的になったり、興奮したりしないよう心がけている

6　注意散漫にならないようにしている

7　相手の発言内容に関心をもっている姿勢を見

せようと努力している

諫言を口にできる組織に

リーダーとスタッフの関係には、面と向かって意見を述べるのではなく、裏に隠れて陰口の嵐が吹きまくることがある。エスカレートすれば、上司の悪口の尻馬に乗って対立関係へと発展する。

組織の崩壊は、火を見るよりも明らかとなる。

「君子は信ぜられて後に諫《いさ》む。未《いま》だ信ぜられざれば、則《すなわ》ち以《もっ》て己《おのれ》を謗《そし》るとなす」と『論語（子張19）』にある。その意は、君子は十分に君主の信頼を得てから、初めて諫言《かんげん》する。信頼もされていないのに諫言などすれば、アラ探しばかりする奴だと誤解されてしまうというのである。意見のつもりが、諫言のように聞こえてしまうのは、このあたりにポイントがありそうだ。

「貞観《じょうがん》元年、上、黄門侍郎王珪《こうもんじろうおうけい》に謂《い》ひて曰《いわ》く、……」から始まる『貞観政要《じょうがんせいよう》（政体第2・第2章）』には、組織や部門間に及ぶ人同士が災いの火種となることを恐れて「相惜顔面」することが「面従背信《めんじゅうはいしん》」を生み、その結果、「上下雷同《じょうげらいどう》」して滅亡した隋の末路をひもといたくだりが記されている。

「面従背信《めんじゅうはいしん》」の「面従」は、人の面前では、こびへつらい従うこと。「背信」は、信に背を向けること。つまり、信頼を裏切ること。面従腹背《ふくはい》と同じ。

「上下雷同」は、上の者も下の者もはっきりした考えをもたないで他人の言動にむやみに同調すること（雷同は、雷が鳴ると万物がそれに応じて響く意）で、付《ふ》和《わ》雷同と同じ。

トップがリーダーから、リーダーは部下からの諫言を聞ける組織では、「相惜顔面」や「面従背信」も「上下雷同」もない。

意見には、時として上司の非を諫める諫言もある。

部下からの諫言を引き出すためには、ふだんからなんでも自由にものが言えるような雰囲気をつくるとともに、部下の意見に喜んで耳を傾ける広い心をもつ人間であるということを示すことを怠ってはならない。

上司は、「頷き名人」に終始することなかれ。

相手に合わせることの大切さ

方正利便（ほうせいりべん）

方便は、始めの〝方〟と終わりの〝便〟の字を組み合わせたもので、相手に合わせた（お釈迦《しゃか》様のような）教え方という意味がある。

相手に合わせた教え方

目的のために利用する便宜上の手段を〝方便〟といい、由来は方正利便にある。

釈迦の教え方とは、相手の地位や職業、生き方などの境遇に合わせながら、各々がきちんとして正しい（方正）道を進めるよう、たとえ話（利便）を交えながら説いたといわれ、これが「八万四千の法門」としてまとめられ仏教になった。

「方正」は、きちんとした正しい行いや心のもち方の正しい人に対し〝品行方正〟として用いるが、現今、耳目に触れる機会から遠のいた感は否めない。

相手に合わせるという利便（便宜）を図って説いた2500年以上も昔の釈迦のたとえ話は、今にも通じる「人の道」ばかりだ。

たとえば、ある部署へ配属された時、緊急時や災害時などでは、その場で得られる情報が断片的でしかないことがある。

その場に居合わせた全員が、ある懸念（気がかり）を拭い去れば情報の共有が進んで事態が大きく好転することがある。

「グループの成長は、〝懸念〟が減少してゆくこと」と、説いたジャック・R・ギブの〝4つの懸念の理論〟がある。

1　受容の懸念
2　コミュニケーションの懸念
3　目標形成の懸念
4　リーダーシップに関する懸念

〝懸念〟が過ぎれば、現場の情報分断は避けがたい。懸念を払拭するためにも、〝方正利便〟の適宜適切な用い方を学ぶ必要がある。

嘘も方便

２０１２年１月〝安心で希望と誇りが持てる社会の実現を目指して〟と銘打った「社会保障・税一体改革素案」が政府閣議に報告された。

少子高齢化の進行をはじめとして社会経済状況が大きく変化するなか、国民生活の安心を確保するための社会保障制度は、現在でも全体として給付に見合う負担と、その機能を維持し制度の持続可能性を確保するための改革が必要であるという認識に大きなズレはない。

「財政の健全化」と「社会保障の機能強化」という２つの目的を進めていくうえから、必要な財源を確保するための消費税を含む税制抜本改革の基本方針を示した「社会保障と税の一体改革の素案」には、「２０１４年４月に８％、２０１５年10月に10％」と消費税率の引き上げが明記された。

消費税が〝方便〟として使われていることは間違いない。

〝方便〟のためには、時には嘘をつかねばならないこともあると「嘘も方便」にしてはならない。

近くのお寺に記されていた「人の道」を紹介したい。

忘れてならぬものは　恩義
捨ててならぬものは　義理
人にあたえるものは　人情
繰り返してならぬものは　過失
通してならぬものは　我意
笑ってならぬものは　人の失敗
聞いてならぬものは　人の秘密
お金で買えぬものは　信用

「介護サービスの基盤強化のための介護保険法等の一部を改正する法律」が２０１２年４月から施行した。介護報酬の改定に一喜一憂する前に、「介護サービス事業者の労働法規の遵守に関する事項」に従いつつも「方正利便」の視点に立った労務管理が求められる。

続けるための指導が大切

水滴穿石
（すいてきせんせき）

今、力が足りなくても根気よくできることをコツコツと続けていれば、いずれ目的を果たすことができるということのたとえ。

コツコツと続けること

「水滴穿石」は、〝水滴《したた》りて石を穿《うが》つ〟とも読まれ、出典は『漢書』枚乗《ばいじょう》にある。

大きな石にポタリ、ポタリと垂れ落ちる水滴の一滴の量はわずかでも、その一滴一滴が長い年月を繰り返し続ければ、やがてその石に穴を開けるようになる。

軒から落ちる雨の滴《しずく》も、たえず同じ場所に落ち続けると石に穴を開けることさえあるという意を含んだ「雨垂《あまだれ》石を穿つ」や「点滴穿石」なども同じ。

大きな石（将来の目標）に穴を開ける（目標実現）ためには、水滴の一滴（毎日の努力）の積み重ねを怠《おこた》ってはならないということができる。

「能力がない」と、自らを卑下する人がいる。さしずめ、毎日の努力を諦めるように「能力」を使っているだけのこと。

（能）力が足りなくても根気よくできることをコツコツと続けるための諦めない（虚仮《こけ》の一念、岩をも通す）という（能）力を養う指導が介護現場には必要だ。

私たちがめざすもの

以前訪問した介護事業所の玄関に掲げられた額に記された言葉が目に飛び込んだ。

「私たちがめざすものは日本のこころです」から、始まる。

忘れてないですか
　ねぎらう気持ち
失ってないですか
　感謝のこころ

無くさないでください
　思いやり
持っているはずです
　やさしさも
贈ってください
　真心を
求めてください
　やすらぎを
ここにはあります
　変わることのない日本のこころ

当然のことであるといえば、それまでのこと。だが、めざす目標について1つひとつのことを、問いかけるようにしながら目標実現のために積み重ねていく毎日の努力すべき姿勢を言葉として表していることに感心させられたのである。

自ずと「企業理念」にも目が止まった。

そこには、「常に病める人とともにあれ」と「5つの反省」が掲げられていた。

1　真心を尽くしているか
2　言行に恥じるところはないか
3　気力に欠けるところはないか
4　努力に不足はないか
5　無情な1日を過ごしてはいないか

「しかた（仕方）ない」「しょう（仕様）がない」と嘆くのは簡単だ。

「しかた（仕方）はある」「しょう（仕様）がある」と、1人ひとりのこころのあり方を水滴穿石することである。

このような人となりを身につけるため、介護保険制度の第一線を支える介護事業者の人づくりへの働きかけこそ、大いなる社会実験ではなかろうか。

変わることのない日本のこころを大事に育みたい。

知目行足

（ちもくぎょうそく）

知恵の目（知目）とそれにもとづいた修行／実践（行足）があって、初めて悟りに至ることができるという意味。

ひたすら歩き続けること

中国・随代に天台宗を大成した智顗《ちぎ》の学問と実践に対する姿勢を表した「知目行足、もって清涼地に至る」という言葉がある。

つまり、知恵と修行／実践の両方を兼ね備え、それを目とし、足としなければ、清涼な池に象徴される悟りの世界に到達できないという言い方もできる。

仏の道をきわめる僧侶《そうりょ》でさえ、智顗を手本として見習わなければならないほど知恵と修行・実践のあり方に偏った者が少なくなかったことがうかがわれる。

「知目行足」のことを一般的に置き換えるなら、目で本を読んで知識を得たとしても、それを自らの足で行動に移さなければ何もならないということになるが、「知るはこれ行のはじめ、行はこれ知の成るなり」という「知行合一《ちこうごういつ》」[1]の考え方や「言行一致《げんこういっち》」[2]の〝行〟にも通じるものだ。

行くこと、進むこと、行うこと、振る舞いなどを含んだ〝行〟は、ぶらぶらと散歩気分ではなく、自らが定めた目的地に向かってひたすら行き続ける姿なのである。

独立開業して3年半を迎えた塾生の民家改修型のデイサービスを初めて訪問させていただいた時のことのこと。

真夏の炎天下、玄関先の庭は雑草がひとつもなく、青々と茂った見事なゴーヤのカーテンが生《お》い茂っていて、他の草木の手入れも行き届いていたのには驚かされた。

聞けば、開設以来、手伝いに足を運んでいる代表の母親の手間ひまが投入されていたからだった。

玄関口から中に上がらずとも、しっかりと手入れされて生き生きとした庭を見れば、〝私たちは手を抜いていません〟という無言のメッセージが利用者さんや近隣の人たちに伝わらないはずがない。

これも「知目行足」である。

楽しむこと

「私たちがめざすものは日本のこころです」(3)というすばらしい経営理念をつくった事業所のことを筆者の主宰する塾で紹介した時のことである。

「創業時、一度掲げた経営理念を降ろした」というある事業所のトップが、この理念の内容に感銘を受け、2か月も経ずして新たに掲げたのが〝三楽の心得〟である。

1 私たち四季のめぐみは
ご利用者様へ「楽しみ」を
提供することを心得ます

2 私たち四季のめぐみは
介護者様へ「楽」を
提供することを心得ます

3 私たち四季のめぐみは
自らも「楽しめる」関わりを
創ることを心得ます

三楽は磨くに繋がるものとし、先ずは自身の心・技・体を磨くべし

「理念」を意識しながらも、今回はあえて「心得」にしたというが、掲げたなら〝行(動)〟に移さなければならない。

介護に従事する者として、日々忘れることのないようにとの戒《いまし》めのつもりで表した「心得」だというが、これが当社の「理念」ですと、胸を張って「三楽の心得」がいえるように成長したいと思っていますという代表の意思が伝わってきた。

『論語(雍也《ようや》6)』には、「これを知る者はこれを好む者に如《し》かず、これを好む者はこれを楽しむ者に如かず」とある。

「知目行足」は、楽しめなければ続かない。

(1) 110頁参照。(2) 112頁参照。(3) 88頁参照。

磨礪邃養

（まれいすいよう）

自らを鍛錬《たんれん》する時は金を精錬する時のように、あせらずじっくりと時間をかけなければならないという意味。

鍛錬の鍛は千回、錬は万回

人づくりの道標ともいえる言葉に「磨礪邃養」がある。

その出自は、中国古典の1つ、明の時代末期の『菜《さい》根譚《こんたん》』に記された一文から4文字を拾い上げたもの。

「磨礪は当《まさ》に百煉《ひゃくれん》の金の如《ごと》くすべし。急就《きゅうしゅう》は邃養に非《あら》ず。施為《しい》は宜《よろ》しく千鈞《せんきん》の弩《ど》に似るべし。軽発は宏功《こうこう》なし」これが、原文の読み下しである。

礪とは、黒石のこと。磨礪は、磨くこと、研いで鋭くすることから、人を鍛錬する時に使う言葉である。同義語の砥礪《しれい》も研ぎ磨く砥石という意味があり、品性や学問などを修養する場合に用いられる。

邃養とは、奥深いという邃に修養する養を加えたもので、精神を練磨し、優れた人格を形成するために深く修養を積むという意味がある。

この文を解釈すると、次のようになる。

自らを鍛える（磨礪）時は、金を精錬する時のように、いくたびも練って純度を高める（百錬）ため、時間を焦《あせ》ってはならない。端折《はしょ》って急げ（急就）ば、その値打ちが認められる24金（純金）や18金[1]にさえなれない（邃養に非ず）。

事業（施為）も同じ。介護事業所を始めるに際しては（千鈞の弩＝発射装置のついた重く大きな弓を引く時）、人事を含めたあらゆることに配慮しながら、慎重になるべきである。

思いつきだけで始める（軽発）ようでは、真の成果（宏功）など期待することが難しい。トップは、自らの資質を鍛えるという日々の鍛錬を怠ってはならない。

鍛錬は、金属を鍛《きた》え錬《ね》るという意味の他に修養を積んで心身を鍛えたり、技能を磨いたりするためにも使われる。

宮本武蔵の『五輪書』、柳生宗矩《むねのり》の『兵法家伝書《へいほうかでんしょ》』には、鍛錬の鍛は千回、錬は万回の繰り返しにあると記されている。

自分を磨くのは一生の課題

「メッキが剥《は》がれる」とは、外面の飾りがとれて悪い中身が暴露すること。

「化けの皮を現す」と同様、その人がつくろって包み隠していた本性が現れてしまったことを指す。

ピンチに陥った時、不純物ともいえる「六蔽《りくへい》」(2)を撒き散らして、スタッフとの対人関係を悪化させる者がいる。

付け焼刃のマネジメント管理に励むのみでは、何の解決もありえない。

まずは、体裁にこだわることなく、次の5項目から点検するとよい。

1 「言った」からといっても、「聞いて」もらえたわけではない。
2 「聞いて」もらえたからといっても、「聴いて」もらえたわけではない。
3 「聴いて」もらえたからといっても、「理解して」もらえたわけではない。
4 「理解して」もらえたからといっても、「賛成して」もらえたわけではない。
5 「賛成して」もらえたからといっても、「腑に落ちて」「納得して」「行動しようと思って」もらえたわけではない。

そのうえで、スタッフが実力を発揮しない真の訳を探ってみるとよい。

トップは、自分を磨くのは一生の課題として「磨礪邃養」に真摯に向き合うことである。

(1) 金の含有量が全重量の24分の18の合金。残りは、銀、銅など。
(2) 32頁「六言六蔽《りくげんりくへい》」参照。

人の嫌がることを進んでする

明哲保身

（めいてつほしん）

ものの道理をわきまえた賢明な人は、物事を適切に処理することができるので、身を誤ることがないという意味。

誤解を招く言葉

「人が嫌がることを進んでしなさい」

この言葉を耳にしたら、何を思い浮かべるだろう？

学校の先生から聞いたという男子生徒は、先生の教えを守るべく女子生徒のスカートをまくって歩いたという、ある小学校での実話がある。

「人が（するのを）嫌がることを」との意味を縮めて話した先生側の表現力にも問題がなくはない。伝えたい意図が省略された結果、生徒は、「人が（されて）嫌がることを」と勘違い（勝手に解釈）してしまったのであろう。

「明哲保身」は、『詩経』の「既《すで》に明《めい》にして且《か》つ哲《てつ》なれば、以《もっ》て其《そ》の身を保たん」が出自である。

「明哲」は、賢くて物事の道理に明るいこと。また、その人やそのさまのことを指す。

「保身」は、身を安全に保つことだが、本来の意味を知らないと自分の身の安全だけを考え、要領よく生きる人を軽蔑する気持ちで使っている人も少なくない。どちらも似たところがある。

有言実行　か・き・く・け・こ

「トイレの神様[1]」という歌がある。9分52秒と長い。小3の頃、おばあちゃんと一緒に暮らしていたという少女。

しかし、毎日のお手伝いで、トイレ掃除だけは苦手だった。

そんな孫娘に、「トイレには、キレイな女神様がいる。だから毎日、キレイにしてあげると、女神様みたいにべっぴんさんになれる」と諭されて教わったおばあちゃんの言葉が、幼心に焼きついたのであろう「べっぴんさんになれるんやで」というフレーズが幾度となく登場する歌を、塾で話題にした時のことである。

この曲を聞いたことのある経営者から、小2の自分と母とのエピソードが語られた。

「人が嫌がるトイレをきれいにしたら美人になるよ」と小さい頃から聞かされて育ち、学校では率先してトイレを掃除していた頃を思い出してしまい、懐かしさが込み上げてきたという。

そんな自分が、わが子に対しては「人の嫌がることを進んでしなさい」と、口先で指示を飛ばすことしかしていないとのこと。

事業所でも同じ。

子どもや職員に手本を示していない自分の姿に気づかされたという反省の弁だった。

「べっぴんさんになりたい」という人がいたら、今からトイレ掃除を始めるのも遅くはない。

ただし、〝べっぴんさん〟になるには、〝心の垢《あか》〟を取り除くことを怠ってはならないという戒めが含まれていることを忘れてはならない。

「有言実行　か・き・く・け・こ」というフレーズがある。

1　か（やることは）紙に書く
2　き（やることは）希望をもつ
3　く（やることは）口にする
4　け（やることは）決意し継続する
5　こ（やることは）行動に移す

三日坊主となりがちな人は、これを機に試してみることだ。

「トイレの神様」から学んだことが伝えられる力を養いたい。

（1）「トイレの神様」作詞：植村花菜・山田ひろし　作曲：植村花菜　編曲：寺岡呼人

不満は自分の心の中にある

薪水之労

（しんすいのろう）

薪《たきぎ》を集めたり水を汲《く》んだりする家事労働、日常の雑事のこと。転じて、人のために苦労して働くこと、また骨身を惜しまずに人に尽くすこと。

いたわりも必要

２０１１年3月に発生した東日本大震災の被災地支援に足を運んだ方から「〝薪水之労〟を実感しました」と、声をかけられた。

6世紀前半の中国・南北朝時代、南朝・梁《りょう》の蕭統《しょうとう》（昭明太子）によって編纂《へんさん》された詩文集『文選《もんぜん》』には、「今、この力《ちから》を遣《つか》わし、汝《なんじ》が薪水之労を助けしむ、此《これ》も亦《また》人の子なり、善《よ》く之《これ》を遇《ぐう》すべし」とある。

詩人の陶淵明《とうえんめい》が県令として単身赴任をすることになり、故郷に残した息子に1人の力（下働きの者）を送った際、この書簡を添えていたわったという。

「おまえが1人で朝夕の食事の支度《したく》をするのは大変だろう。ここに下働きの者を遣わして、おまえの薪水之労を助けさせよう。しかし、彼も人の子であるから、いたわってやらなければならない」というのが意である。

薪を集めなくとも、水を汲まなくとも、暮らしには何らの支障も来さないライフライン（いわゆる都市生活に不可避な水道や電気、ガスなどの供給システム）が整備された今の生活を当たり前のことのように経験している人にとって、薪を集めたり、水を汲んだりするという家事労働への理解は及びもつかないことである。

だが、東日本大震災によって当たり前のように感じていた生活が一変。支援に行ったその人は人のために苦労して働くこと、また骨身を惜しまずに人に尽くすことを厭《いと》うようでは支援活動など覚束《おぼつか》ないことはわかっていたのだが、被災された方々から労《ねぎら》いや感謝の言葉をいただけたことが励《はげ》みになったというのである。

「被災者が1人で朝夕の食事の支度をするのは大変だろう。ここにボランティアを遣わして、被災者の薪水之労を助けさせよう。しかし、ボランティアも人の子であるから、いたわってやらなければならない」ということか。

自分の姿勢を変える

要介護認定を受けた利用者の心境は、大震災で被災しなくとも、似たようなところがある。

「利用者が1人で朝夕の食事の支度をするのは大変だろう。ここに介護職員を遣わして、利用者の薪水之労を助けさせよう。しかし、介護職員も人の子であるから、いたわってやらなければならない」ということになるのであろうか。

ある介護事業所の更衣室に掲示された言葉を紹介したい。

思いどおりにしたいという心が、
　不満の大きな原因である。
不平や不満にとらわれていると、
　進歩も向上も止まってしまう。
責任を他に求めているうちは、
　解決の糸口さえ見つからない。
結果は思わしくなくても、
　尽くした努力は力となって残っていく。
自分の評価は他人が決める、
　自慢してみても値打ちは上がらぬ。
相手が悪いと思い決めている間は、
　対立と争いがいつまでも続く。

お粗末だったこと、一生懸命でなかったこと、その原因は自らの姿勢によるところが少なくない。介護職の仕事上の悩みの大半は、人間関係に尽きるといってよい。

説教じみた文言の羅列だが、事業所全体が真面《まとも》な人を目指している姿に感動させられた。

なぜあいさつが大切か

心地乾浄

(しんちけんじょう)

心の中がさっぱりとして綺麗なさまを表している。つまり、心に何のわだかまりもないので素直になれ、正しく学ぶことができる。学びにあたって大事な心構えを表した言葉。

なぜ、あいさつをするの?

そう問われたら、どのように答えられるのか。答えに詰まってしまうという人が、決して少なくはない。

あいさつの使い方を説明する人もいるが、次の6つに集約できる。

1 人に会った時や別れる時などに取り交わす礼にかなった動作や言葉のことで、「あいさつを交わす」「時候のあいさつ」という使い方。

2 会合の席や集会で、改まって祝意や謝意などを述べることや、その言葉のことで、「来賓《らいひん》があいさつする」という使い方。

3 相手に対して敬意や謝意などを表すことや、その動作や言葉のことで、「転勤のあいさつ」「なんのあいさつもない」という使い方。

4 (「ごあいさつ」の形で)相手の非礼な言葉や態度を皮肉《ひにく》っていう言葉のことで、「これはごあいさつだね」という使い方。

5 争いごとのなかに立って仲裁することや、その人のことで、「あいさつは時の氏神」という使い方。

6 やくざや不良仲間で、仕返しをいう言葉のことで、「あいさつに来た」という使い方。

知識を深めるには、大事な解説であるといえる。

だが、子どもにも理解できる答えを導くなら、「けんかをしてないから、けんかをしたくないから……あいさつをする」のである。

けんかをしていたら、たとえ親子、夫婦、兄弟姉妹の仲でさえ、あいさつは途絶えてしまう。

「職場（家庭）であいさつが少ない」のは、「けんかの絶えない職場（家庭）です」と言っているのと同じであると理解すれば、明日から職場（家庭）のあいさつも変わるはずだ。

心を素直にして学ぶこと

いくら学ぼうとも、ひねくれた心や曲がった心のままでは、箴言《しんげん》でさえ、自分の私利を求める都合の良い学びにしかならない。

それは、盗人《ぬすっと》に盗人としての知恵をつけさせるものでしかない。

『菜根譚《さいこんたん》』の一節にある「心地乾浄にして、方《はじ》めて書を読み古《いにし》えを学ぶべし。然《しか》らずば、一の善行を見ては、窃《ぬす》みて以《もっ》て私を済《な》し、一の善言《ぜんげん》を聞きては、仮《か》りて以《もっ》て短《たん》を覆《おお》う。是《こ》れ又、寇《こう》に兵を藉《か》して、盗《とう》に粮《ろう》を齎《もたら》すなり」を意訳してみた。

ある法人の開設前の研修をお手伝いした際、全職員が大切にすべき事柄を〝高みをめざす介護職員の職場の模範となる行動集〟として、〝あいさつ〟など9つの視点から40項目を抽出し、模範とすべき価値観の共有化を促した。

たとえば、勤怠関係（遅刻、早退、欠勤）に関しては、正直に直属上司に報告すること。お互いに安心感ある職場をつくるためにも、勤怠は事前連絡を基本とすること。

そのうえで、遅刻、早退、欠勤した人は、当日または翌日には、「ご迷惑をおかけしました」など、謝罪の気持ちを表す言葉を職場の皆さんに一声かけること。

では、「〝誰〟に迷惑をかけたのか？」と問えば、多くの人は〝同僚〟と答え、〝事業所〟や〝上司〟なども登場する。

だが、なかなか出てこないのが〝利用者さん〟である。

問われた人の素養かもしれないが、それを修養させるのが雇用者側の資質である。

自ら心を素直にして学ぶこと、ふだんから心がけたい。

必ず言いたい5つの言葉

誠意正心

（せいいせいしん）

誠実であるためには、心が正しくなければならないという意味。

人としてのあるべき姿

約束事を実行する場面では、常套句《じょうとうく》として用いる言葉に「誠心誠意尽くします」がある。

この意味は、偽りのない誠の心で物事に対する気持ちを全うするというものだが、法人が掲げる経営理念などにも折々目にする。

では、「誠意正心」という言葉をご存知だろうか。「その心を正さんと欲する者は、まず、その意を誠にす」など、出自となる『大学』では、いくつかの文節に登場してくる。「その意を誠にすとは、自ら欺《あざむ》くなきなり」であるという。

「意」は、意識や気持ちのこと。

心が動くことで、意を決することも、気持ちが萎《な》えたりもする。心は、そのもち方次第で、「意」が変幻《へんげん》自在《じざい》に移ろうもの。自らの「意」が「誠」であるならば、自らの気持ちを欺いてはいけない。その「意」がプレッシャーに弱ければ、利害関係者（ステークホルダー）との力関係などから「誠」を翻《ひるがえ》し、自らを欺く者も出てくる。

だから、心を正すのである。

「正心」は、「身に忿懥《ふんち》する所あれば、則《すなわ》ちその正を得ず。恐懼《きょうく》する所あれば、即ちその正を得ず。好楽する所あれば、則ちその正を得ず。憂患《ゆうかん》する所あれば、則ちその正を得ず。心焉《ここ》に在らざれは、視れども見えず、聴けども聞こえず、食らえどもその味を知らず」とある。

自身に腹の立つことがあれば、怒りや恐れの感情に突き動かされ、身も心も正しい状態を保つことなどできない。楽しみに溺《おぼ》れる心や悲しい不安な心も同じ。

心が正常でなければ、見ようとしても何も見えず、聞こうとしても何も聴こえず、食べても味さえわからない。

まず、五官（目、耳、鼻、舌、皮膚）、五感（見る、聞く、嗅《か》ぐ、味わう、触れる）を研《と》ぎ澄《す》まし、外界のどのような動きにも自在に反応できるよう心を正しく構えられれば、対応を誤ることはない。

「誠意正心」の要素を備える人は、わが身を修めることのできる人[1]であり、人として〝あるべき姿（人格資質の本質）〟がここにあることが『大学』に示されてある。

介護人財のあるべき姿も然り。

日常の五心

「心を正す」には、「日常の五心」[2]に記された文言を日常的に使う習慣から始めるとよい。

1 ハイと云う素直な心
2 すみませんと云う反省の心
3 私がしますと云う奉仕の心
4 おかげさまと云う謙虚な心
5 ありがとうと云う感謝の心

自ら、身（仕癖《しくせ》）・口（口癖《くちぐせ》）・意（思癖《しへき》）を率先垂《そっせんすい》範《はん》して鍛えることで、身=表情、口=言葉、意=態度を洗い清めてくれる[3]。

法令遵守《じゅんしゅ》（コンプライアンス）が叫ばれているが、規則やルールの前に取り組む最優先事項は、人心の倫理観やモラル、ひいては道徳意識の確立であろう。

トップは、スタッフ1人ひとりのモチベーション・アップを求める前に、自ら〝あるべき姿〟を「日常の五心」に照らして範を示すことから始めるべきである。

働く意味は、①動くこと、②作用すること、③効果を現すこと、④精を出して仕事をすること、⑤他人のために奔走《ほんそう》すること。

トップ自らの「誠意正心」の姿が、スタッフの働きがいを引き出す原動力となることを念じて。

（1）188頁「心訓七則《しんくんしちそく》」参照。
（2）「日常の五心」と書いた手ぬぐい、のれん、湯呑みなどが、事業所の身近なところにある。
（3）110頁「知行合一《ちこうごういつ》」参照。

おかげさまと言えるように

是是非非

（ぜぜひひ）

正しいことは正しいと賛成し、正しくないことは正しくないと反対できる判断力、それが智であり、その逆は愚であるという意味。

とらわれない心で判断する

「是是非非」は、『荀子《じゅんし》』の修身という章に収められた「是《ぜ》を是とし非《ひ》を非とする、これを智といい、是を非とし非を是とする、これを愚という」の頭4文字を抽出したもの。是は、正しいこと、良いこと。良いと認めること。国が良いと認めた方針などを指した是正、是認、国是といった使い方がある。

100ページの「誠意正心」のなかで、「日常の五心」に記された5つの文言を日常的に使える習慣を身につけることで「心を正す」ことができることを記した。だが、正しいとわかっていても、「ハイ」「すみません」「私がします」「おかげさま」「ありがとう」という言葉を口からなかなか出せない人も、決して少なくない。なぜ、言えないのだろう。どうして、言わないのだろう。問い詰めたところで詮ない。

判断力が鈍《にぶ》るのは、相手への悪い感情（イライラ、怒り、憎しみ、嫉《そね》み、妬《ねた》みなど）や悪い考え（対抗心、苦手意識、先入観、偏見など）が、嵐のように渦《うず》巻いているからにほかならない。

誠意正心の姿勢を示すためには、その事々、その時々に、とらわれない心で、是是非非と物事を判断することができるようにならなければならない。

「誰が正しいのか」ということばかりに着目して、「何が正しいのか」という視点を見失うようでは、トップとしての人心掌握《じんしんしょうあく》もおぼつかなくなる。

おかげさまという謙虚な心

「おかげさま」は、他人から受ける利益や恩恵を意味する「お陰」[1]に「様」をつけてていねいにした言葉として、室町時代から使われてきたのだという。

あるグループホームで「おかげさまで」（上所重助《かみところしげすけ》作）と題した詩が掲げられていて、目に留まった。「おかげさまという謙虚な心」に触れるためにも披露したい。

夏が来ると「冬がいい」と言う
冬が来ると「夏がいい」と言う
太ると「痩せたい」と言い
痩せると「太りたい」と言う
忙しいと「暇になりたい」と言い
暇になると「忙しい方がいい」と言う
自分に都合のいい人は「善い人だ」と言い
自分に都合が悪くなると「悪い人だ」と言う

借りた傘も　雨が上がれば邪魔になる
金を持てば　古びた女房が邪魔になる
所帯を持てば　親さえも邪魔になる

衣食住は昔に比べりゃ天国だが
上を見て不平不満の明け暮れ
隣を見て愚痴ばかり

どうして自分を見つめないのか
静かに考えてみるがよい
一体自分とは何なのか

親のおかげ
先生のおかげ
世間様のおかげの固まりが自分ではないか
つまらぬ自我妄執を捨てて
得手勝手を慎んだら
世の中はきっと明るくなるだろう

「俺が」、「俺が」を捨てて
「おかげさまで」、「おかげさまで」と暮らしたい

謙虚さを忘れず、是是非非で。

（1）「陰」は神仏などの偉大なものの陰を指し、その庇護を受けるという意味がある。

和気満堂

（わきまんどう）

「和気、堂に満つる」とも読む。和やかな空気が場内に満ちる状態のこと。

家庭のあるべき姿

２０１１年、東日本大震災をはさんで、1月、5月、7月と立て続けに足を運ぶことができた宮城県のとある地で、週に1度の訪問入浴介護サービスを利用される方のご自宅へ同行させていただけるという機会を得ることができた。

訪問先は、築百年を越す旧家。

高らかに家紋をかざした見事な屋根瓦《やねがわら》の家構えから、この地域の名家であることが一目瞭然《いちもくりょうぜん》。蔵の中には累代《るいだい》の家系図があるという。

座敷に入ると、「和気満堂」と記した扁額《へんがく》の書に目を奪われた。

「和気」とは、のどかな陽気、穏やかな気候のこと。

「満堂」とは、堂の中に満ちること。また、堂の中に人がいっぱいに満ちて満場になること。

和《なご》やかな、楽しい雰囲気が、この部屋に満ち溢《あふ》れることを願って掲げたのは、利用者であるこの家のご主人だという。

部屋いっぱいに満ちた和やかな雰囲気が、めでたさを生み出すという意味を込めて「満堂和気生嘉祥＝堂に満つる和気は嘉祥を生ぜしむ」の7文字で表すこともある。

いずれの言葉も、家庭のありさま（あるべき姿）を指し示していることに変わりはない。

地域のまとめ役として人の出入りが絶えなかったという家だからこそ、「和気満堂」を大事にしていたのであろう。

無財の七施《しちせ》

仏教には、「無財の七施」の教えがある。

「和気、堂に満つる」を実現するためのヒントは、ここにある。

1 **眼施《げんせ》** やさしい眼差しで人に接する。

「目は口ほどに物を言う」くらい、相手に気持ちを伝えられるような目配りはできているか。

2 **和顔施《わげんせ》** にこやかな顔で人に接する。

「悪い感情をあらわにして険しい表情をしない」よう、和気に務めることはできているか。

3 **言辞施《ごんじせ》** やさしい言葉で接する。

「やわらかい言葉を出し、粗暴な言葉を使わない」ということができているか。

4 **身施《しんせ》** 自らの身体を使って人のため、社会のために奉仕する。

「傍の人を楽に、楽しくなるようにハタラク」ということができているか。

5 **心施《しんせ》** 思いやりの心をもつ。

「ありがとうの言葉を、感謝の気持ちで心から伝える」ということができているか。

6 **床座施《しょうざせ》** 場所や席を譲り合う。

「どうぞの一言とともに分かち合い譲り合う」ということができているか。

7 **房舎施《ぼうじゃせ》** 訪ねてくる人があれば、一宿一飯《いっしゅくいっぱん》の施《ほどこ》しを与え、労をねぎらう。

「おもてなし」ということができているか。

対人力の養い方や高め方を7つの視点から問いかけられていると理解すれば、介護の質を点検するうえからも学びは深くなる。

まずは、愛敬《あいきょう》たっぷりの会釈《えしゃく》を惜しまぬことから始めたい。

それには、笑顔という贈り物を心がけることを忘れてはいけない。

心を伝えるのは難しい

以心伝心

（いしんでんしん）

心を以《もっ》て心に伝う。言葉で説明しなくても、心と心とが通じ合うこと。

心と心が通じ合うのはまれなこと

以心伝心とは、禅家《ぜんけ》の教義を表す言葉であり、言葉として表現できない真理を師が弟子に伝えるという意味がある。

悟《さと》りとは、修行《しゅぎょう》を積んで心から心へと伝えるもので、言葉で表すことはできないものである。同義語としては、言葉や文字にとらわれてはいけないという意をもつ「不立《ふりゅう》文字」や「教外別伝《きょうげべつでん》」「拈華微笑《ねんげみしょう》」などもある。

お互いの気持ちが、日常的なコミュニケーションで通い合っていれば、表情や動作だけで十分に意思が伝わるはずであるという意味で、「以心伝心」を安易に用いる人もいるのではないだろうか。

そう考える人の頭の中には、「目は口ほどに物を言い」「言わぬが花」「言うだけ野暮《やぼ》」という俗諺《ぞくげん》が飛び交《か》っているはずである。

口に出して言葉を伝えなくても、十分に相互の意思疎通は図れるし、心を通い合わせることもできると思っているのか、ハッキリと言うことをきらっている人がいる。正論を振り回しすぎて、相手の心の中にズケズケと入り込むような物言いをしてしまう人も少なくはないが、これはこれで困り者である。

会津藩士の共通認識「什《じゅう》の掟《おきて》」

会津藩砲術師範・山本権八の娘として生まれ、戊辰《ぼしん》戦争時には断髪・男装してスペンサー銃を持ち、若松城籠城戦《ろうじょうせん》で奮戦したことで〝幕末のジャンヌ・ダルク〟とも称された新島八重（同志社大学創立者・新島襄《じょう》(1)の妻）。2013年のNHKの大河ドラマは彼女の一代記を描いた「八重の桜」である。

会津藩士の子弟が10歳で全入した藩校・日新館《にっしんかん》の授業は、『論語』『大学』などの「四書五経《ししょごきょう》」に、『孝経』や『小学』を加えた計11冊の中国古典の素読《そどく》から始まる。

子弟は、6歳になると近所の寺子屋などに通って、この練習が日課となっていた。また、日新館では〝会津武士の規範〟を説いた「心得17か条」の実践も求められた。そのため、入学前の子弟が自らがつくって率《そっ》先垂範《せんすいはん》したのが「什の掟」である。

一、年長者《としうえのひと》の言ふことに背《そむ》いてはなりませぬ
一、年長者にはお辞儀《じぎ》をしなければなりませぬ
一、嘘言《うそ》を言ふことはなりませぬ
一、卑怯な振舞《ふるまい》をしてはなりませぬ
一、弱い者をいぢめてはなりませぬ
一、戸外で物を食べてはなりませぬ
一、戸外で婦人《おんな》と言葉を交へてはなりませぬ
　ならぬことはならぬものです

「什」とは、10人前後でつくる集まりを指し、年長者が什長（座長）となって「什の掟」を唱和しながら、「会津武士の子はこうあるべき」と確かめ合っていたという。

背いた者への処罰には、皆に向かって「無念でありました（私は会津武士の子弟としてあるまじきことを行い、名誉を汚したことは申し訳がなく、真に残念である）」と、お辞儀をして詫《わ》びる「無念」の刑が科せられた。

封建時代の名残《なごり》が漂う「什の掟」ではあるが、「会津武士の子はこうあるべき」と、子弟は「以心伝心」したに違いない。

さて、「介護職はこうあるべきだ」と「以心伝心」のできるトップは、何人いるのであろう。

（1）130頁「倜儻不羈《てきとうふき》」参照。

良い友を得るために

益者三友
（えきしゃさんゆう）

交際することで自分に利益をもたらす友達のこと。

自己を損なう損者三友とは

『論語（季氏16）』には、「直きを友とし、諒《まこと》を友とし、多聞《たぶん》を友とするは、益なり。便辟《べんぺき》を友とし、善柔《ぜんじゅう》を友とし、便佞《びんねい》を友とするは、損なり」とある。

友には、自己を益する3種、自己を損なう3種があり、これを「益者三友（三益友）、損者三友（三損友）」という。

自己を益する三友（三益友）とは、①直言してくれる友、②誠実（諒）な友、③博学多識（多聞）な友であり、逆に、自己を損なう三友（三損友）とは、①体裁ぶる（便辟）友、②媚《こ》び諂《へつら》う（善柔）友、③口達者（便佞）な友である。

1　直言してくれる友はほしいが、周りは体裁ぶる友ばかりという人へ。

直言は、遠慮せず自分の信ずるところのことを言うこと（そのような人）。便辟は、人の嫌うことを避けて媚びること（そのような人）。

過《あやま》ち（失敗）を犯したとしても、「直言のできる関係」がつくられていれば益になるが、体裁や格好にこだわっているようでは、信頼関係を損ねるのみ。

2　誠実な友はほしいが、周りは媚び諂う友ばかりという人へ。

諒は、まこと、真実、思いやること。もっともだと認めること（そのような人）。善柔は、外見は柔和だが、うちに誠意のないこと（そのような人）。

過ち（失敗）を犯したとしても、「誠実な関係」がつくられていれば益になるが、人の気に入るような愛敬を振りまいているだけでは、信頼関係を損ねるのみ。

3　博学多識な友はほしいが、周りは口達者な友ばかりという人へ。

多聞は、物事を多く聞き知っていること（そのような人）。便佞は、口先が巧みで人の気に入るように立ち回ることを得意とするも、実は心がねじれていること（そのような人）。

過ち（失敗）を犯したとしても、「多聞な関係」がつくられていれば益になるが、人の気に入るような口からでまかせでは、信頼関係を損ねるのみ。

介護現場は、仲良し仲間が集うところではないもの、体裁ぶって、媚び諂って、口達者な職員の愛想笑いと社交辞令に誤魔化され、直言して、誠実で、博学多識な職員がいつの間にか去ってしまったという事業所も少なくない。

禍は、前進のための必要な条件

信頼の構築は、時に、口に苦く耳に痛いことをズバリ言える、聞けるという「益者三友」の関係をつくり出せるか否かにかかっている。

まずは、友からの直言に耳を差し出すこと。その友が過ちを犯したなら、躊躇《ちゅうちょ》することなく直言してあげること。口に甘く、耳にやさしい言葉に包まれた「損者三友」の状態では、何年経とうとも、介護の質の向上は見込めない。

「やさしい悪友より厳しい善友、善友は助け合って成長し、悪友は誘い合って堕落する」という言葉がある。

「損者」は、「益者」を厄介な禍＝〝障害〟として排斥したがる。

〝障害〟は、前進のために欠かせない存在であるとともに条件でもある。

空飛ぶ鳥の唯一の障害、それは空気。

空気を除去して、真空にすれば、鳥は飛べない。

飛翔の妨げとなっている空気こそ、実は飛翔の条件になっている。

事業の飛躍の原動力として、「益者」の重用はトップの大事な務めであるが、飛躍の妨げと見られがちな「損者」の処遇を忘れてはならない。

人生を変えるために必要なこと

知行合一
（ちこうごういつ）

本当の知というものは、実践を伴わなければならないということ。

「身《しん》・口《く》・意《い》」を鍛える

『論語（学而《がくじ》1）』の冒頭は、「学びて時に之《これ》を習う、亦《ま》た説《よろこ》ばしからずや」から始まる。

「学んだことを、時に応じて反復し、理解を深めること、これもまた楽しいことではないか」と解釈されることが多いが、これも大事なことである。

だが、「今、学びの時」と思った一瞬一瞬を大切にすることを習慣にして、「学びて時に之を習う」ことが続くようになると、学ぶことを楽しむという習慣が芽生え、人は何事か成せるようになるものだというのが、筆者の解釈である。

習慣は、「行動の習慣」「言葉の習慣」「思いの習慣」の3つに凝縮され、洋の東西を問わず語られている。

「心（思い）が変われば態度（行動）が変わる。態度が変われば習慣が変わる。習慣が変われば人格が変わる。人格が変われば人生（運命）が変わる」とは、19世紀スイスの哲学者アンリ・フレデリック・アミエルの箴言《しんげん》。

前後を逆にして「人生（運命）を変えたければ人格を変えなさい。人格を変えたければ習慣を変えなさい。習慣を変えたければ態度（行動）を変えなさい。態度を変えたければ心を変えなさい」と読み返すのも良いだろう。

仏教には「身・口・意」がある。身は行動、口は言葉、意は思いの意味で、この3つに隙間《すきま》が生じるとその間から魔が入るという。

言動、つまり、行動と口から出る言葉は一致しているだろうか。言葉で飾ったとしても行動が伴わなければ、自らを保身するための嘘が始まる。努力すれば行動をごまかすことは他人には難しくないものの、良心に恥じるか否かは自分次第。自分の思いと言葉と行動の隙間に魔の手が入れば、良心は悪心と化す。「良くも、悪くも」身についてしまう習慣の怖さがここにある。

自らの良心に従って、「身（仕癖《しくせ》）、口（口癖《くちぐせ》）、意（思癖《しへき》）」を鍛えるための学び方そのものをしつけなければならない。

相手を通して自分を知る

『論語（学而1）』には、「人の己《おのれ》を知らざることを患《うれ》えず、己の人を知らざることを患うるなり」とある。

「人が自分のことを知ってくれない！」とぼやくばかりで、99％は自分を知ってもらうだけの能力がないことを棚にあげている。自分を知ってくれない！とぼやく者に限って、人のことを知ろうとしない」と、この意味を解説したような哲学者西田幾太郎《きたろう》の言葉がある。

人のことを知らない自分を知ること。自分は自身のことを本当に知っているのだろうか。知っているつもりでもっとも知らないのが自分のことである。

「他人の心は己の映し鏡」。相手のことを通して、相手を鏡として自分を知っていくほかはない。

埼玉の特別養護老人ホームを訪問した際のこと。地元言葉を商工会がまとめた『本庄《ほんじょう》地方の方言辞典』をフロアごとに配置していた。

入所者の言葉の端々に出る地元の方言を理解できる若手職員が少ないためだ。

「あんだんぺ」は、「何でしょう？」。

「いーからかん」は、「無責任」。

「おこんじょ」は、「意地悪」、等々。

入所者との意思疎通を職員全員が受け入れるための創意工夫の1つであるが、良き習慣として定着するには、継続の2文字は欠かせない。

『書経』には、「頭のなかで理解するのは難しいことではない。実行することが難しいのです」と、殷《いん》王朝の高宗に対して宰相の傅説《ふえつ》が問答のなかで進言した「知ることの艱《かた》きに非ず、行うことこれ艱し」がある。陽明学が、この考え方を押し進めて「知行合一」と唱えたことを覚えておくのも悪くはない。

美しい心は行動に表してこそ

言行一致（げんこういっち）

言うことと行いが一致していること。

良知に致《いた》る

江戸初期の儒学者《じゅがくしゃ》で、わが国の陽明学《ようめいがく》の祖《そ》、今なお近江《おうみ》聖人《せいじん》として称えられている中江藤樹《とうじゅ》が開いた私塾「藤樹書院」に飾られた扁額《へんがく》に記された「致良知《ちりょうち》」の三文字。

「良知を致す」と唱えたのは、中国・明代の儒学者で、陽明学を興した王陽明《おうようめい》である。

「人は身分の上下にかかわらず、誰でも良知という美しい心をもって生まれくる。聖人でも普通の人でも、また、善人でも悪人でも同じである。それぞれが自分の良知の指図に従って行動しなければならない」と説いた。

これを「良知に致る」と読み替えたのが藤樹だ。「人の心の中の良知は鏡のような存在である。多くは醜いさまざまな欲望が起きてきて、つい美しい良知を曇らせる。自らの欲望に打ち勝って、この良知を鏡のように磨き、曇らないようにして、その良知の指図に従うようにしなければならない」と解する。

そのためには、日常生活のなかで「顔つき、言葉づかい、目つき、聴き方、思い」といった具体的なことがらをあげ、「和《なご》やかな顔つき（貌《ぼう》）をして、思いやりのある言葉づかい（言《げん》）をして、澄んだ目で物事を見つめ（視《し》）、相手の本当の気持ちを聞く（聴《ちょう》）ようにして、思いやりのある気持ちをもつ（思《し》）こと」の大切さを「五事（貌・言・視・聴・思）を正す」として説いた。

五事を正す

ふだんの生活や身の周りの人々との交わりのなかで、自ら五事を正すことが、すなわち良知を磨き、良知に致る大切な道であるというのが、藤樹の教えである。

貌　心を込めてやさしく和やかな顔つきで人と接しましょう

言　温かく思いやりのある言葉で相手に話しかけましょう

視　心を込めて温かいまなざしで人や物を見るようにしましょう

聴　相手の話に心を傾けて、よく聞くようにしましょう

思　まごころを込めて相手のことを思いましょう

利用者さんやスタッフとの接し方にも大いに役立つはずだが、「これくらい知っている！」と、うそぶく人もいるだろう。

だが、これを実行しているからこそ、知っていると言えるのであり、行動の伴わない知識を振りかざしているようではよくない。

「知はこれ行のはじめ、行はこれ知の成るなり」と、陽明学の指針とする「知行合一《ちこうごういつ》」の考え方の要が、『伝習録《でんしゅうろく》』(1)に示されている。

この意は、知ることは行うことの始まりであり、行うことは知ることの完成なのであると。

職員の1人ひとりが「やる気と誇り」をもって働くことができる職場づくりをめざしたいのだが、「その意識にばらつきがある」と、悩むトップも少なくない。

次の問いに心当たりがあれば、ここから着手すべきであろう。

「嘘をつかない！」という自らが、嘘をつくことがある。

「約束を守ろう！」という自らが、約束を破ることがある。

「利用者を第一に考えよう！」という自らが、自分第一に考えることがある。このような「言行不一致」はないだろうか。

「言行一致」は、「知行合一」であるとともに、日常の実践的な課題であると受け止めることのできるトップの下、「やる気と誇り」は育まれるのではなかろうか。

(1) 王陽明の主張をまとめた語録、書簡集。

主体性をもって協調する

以和為貴

（わをもってたっとしとなす）

和をもっとも大切にせよという意味。

和を以て貴しと為す

これは、聖徳太子がつくった「十七条の憲法（わが国初の成文法）」の第1条の冒頭の言葉である。「忤《さから》うこと無《な》きを宗《むね》とせよ。人みな党あり、また達《さと》れるもの少なし。ここをもって、あるいは君父《くんぷ》に順《したが》わず、また隣里《りんり》に違《たが》う。しかれども、上和《かみやわら》ぎ下睦《しもむつ》びて、事を論《あげつら》うに諧《かな》うときは、すなわち事理おのずから通ず。何事か成らざらん」と続く。

「和を何よりも大切なものとして、いさかいを起こさぬことを根本にすること。人は誰しもグループをつくりたがるもの。しかし、そのなかで真の人格に秀でるようなリーダーはわずかしかいない。そうだからといって、君主や父親のいうことに従わないようであるなら、近隣の人たちと真面《まとも》につき合えることなどありえない。だが、考えてみることだ。上の者も下の者も、協調と親睦の気持ちをもって論議をすれば、自ずからものごとの道理に適い、どんなことも成就するものである」が大意である。

「なごみ（和）」「和が家」など、介護事業所の名称にも見かける「和」には、次の意味がある。

1 「和製」「和風」「和装」「和訳」など、日本を表す意として。
2 「和気」「柔和」「温和」など、おだやか、のどか、なごやかな意として。
3 「和解」「親和」など、仲よくすることの意として。
4 「総和」など、2つ以上の数や式などを加えて得た値の意として。
5 「和音」「調和」「中和」など、合わせること、うまくまざることの意として。

「和」の重要性を大切にしたいと思うからこそ、自分を捨てて周囲に同調しなければいけないと、勘違いをしている人も少なくない。

同じて和せず

「和」とは、『論語（子路《しろ》13）』の「君子は和して同ぜず、小人は同じて和せず」のこと。

真のリーダーは、人と協調はするが、道理に外れたようなことや、主体性を失うようではならない。それが、「和して同ぜず」である。

ところが、「同じて和せず」と、自分の考えを捨てて周囲の意見に同調するといったような、何の定見もなく付和雷同《ふわらいどう》してしまうというリーダーがいる。

そのような人にとっては、「和」と「同」を切り離して考えるための示唆《しさ》に富んだ一節である。

「和」の理解を深めるには、『論語（雍也6）』の「中庸の徳たるや、それ至れるかな」に記された儒教《じゅきょう》の中心的概念でもある「中庸」を知ることも大事だ。

「中」は、偏らないことを指し、50対50のど真ん中、平均値、足して2で割るとか、といったものを指してはいない。

「庸」は、平常や日常などの常のこと。

また、特定の考えに偏らず何物にも倚《よ》りかからないという意の「不偏不倚《い》」を「中庸」ともいう。

介護事業者として経営に携わるなかで、行政の動向には目が離せない。

「AかB」ではなく「AとB」の持ち前を「中庸」しながら「以和為貴」の姿勢で折り合いをつける資質こそ、リーダーは身につけねばなるまい。

コラム

トップの禁句「お疲れさま」

●共創原理の旗を掲げる

急速な少子化に伴い、大学・短大志願者数と入学者数が一致する「大学全入時代」が到来した。進学率が伸び悩むなか、相も変わらぬ人気校集中から、志願者にとって狭き門の大学も少なくない。一方、株式会社による大学経営参入なども加わり、入学者を獲得する競争原理が教育業界を襲う。

介護事業者にとっても、対岸の火事、他人事ではすまされない。とはいえ、勝ち負けや優劣を決める競争や順位を決める競走にしのぎを削るのではなく、どのような超高齢社会を築き上げればよいのか、そのためには何をしなければいけないのか。新たな時代を共に創るという意味から、〝共創原理〟の旗を掲げることが必要である。

「地域の未来をどう描くか！」といった意識に立って、経営に臨む大胆不敵で柔軟な姿勢が求められる。

●君、臣を使うに礼を以《もっ》てす

トップは、自らの事業を通して何を目標としてゆくのか明確な姿勢が求められる。

『論語（八佾《いつ》3）』には、魯国の定公《ていこう》という君主が臣下の者に対してどのように接するべきかという基本について、「君《きみ》、臣を使い、臣、君に事《つか》うること、之を如何《いか》にせん」と、孔子に問いかけるくだりがある。

「君、臣を使うに礼を以てし、臣、君に事うるに忠を以てす」と、孔子は答える。

君主が臣下を使う場合には礼儀を尽くし、臣下が君主に仕える場合には忠義を尽くすものであるというのが、その意。

日々の雑事に忙殺され、そのうえ、ピリピリしている経営トップは、部下であるスタッフに対して、日頃、どれほど礼儀を尽くしているだろうか。

まずは、経営者の禁句「お疲れさま」というあいさつの習慣を止めること。

労う気持があれば、自ずと感謝の言葉が出てくる。

「心が変われば、態度が変わる。態度が変われば、習慣が変わる。習慣が変われば、人格が変わる。人格が変われば、人生が変わる」[1]という言葉がある。

利用者、その家族であろうが、部下であろうと、常に感謝の気持ちを込めて「ありがとう」という言葉が素直に吐けるよう心がけたいものだ。

●仁は恭に始まる

経営者に限らず、管理者や主任までが、部下に対して何のためらいもなく「お疲れさま」と、部下に声をかける。

疲れるような仕事をさせているのは、誰か！

少しでも疲れが癒《いや》される職場環境を考えるのが、上長の勤め。といって、「業務改善」を仰々しく掲げるだけでは、会議が増えるばかり。

この話を聞いた某施設長は、即日「ありがとう」を実践に移した。最初の1週間、夜勤明けのスタッフに対して、つい「お疲れさま」を口にしてしまう自分がいたという。

1か月を経た頃、「ありがとう」が自然と口から出るようになった。報告に対する注意やアドバイスに対して、当初は「はい、わかりました」程度の返事だったスタッフの対応が、2か月目には、「ご指導ありがとうございました」に変わっていたという。

『論語（陽貨《ようか》17）』には、仁（思いやり、心の温かさ）について弟子の子張から問われた孔子が、恭、寛、信、敏、恵の5つのことを行うのが仁であると答える下りがある。

「恭なれば則ち侮られず、寛《おおらか》なれば則ち衆を得、信なれば則ち人に任じ、敏なれば則ち功あり、恵なれば則ち以って人を使うに足れり」

うやうやしいという意味で使われる「恭」は、実力や地位が上の者が下の者に対して慎んでいる姿が周りにいる者に対し、ありありと見えるという状態を指す。

リーダーは、「恭」という見えない「徳」によって、周りの人から「あの人にはかなわない」と心服させるようでなければならない。

●感謝しよう　ありがとう

経営者は管理者、管理者は主任、主任は部下に対して「お疲れさま」という言葉の習慣を止めて、労いの気持ちを込めて「ご苦労さま」、感謝の気持ちをもって「ありがとう」という言葉が吐けることが何より先決である。

人の親切や好意に対して心の底から「有り難い」という気持ちを湧きあがるようになるためにも、『ありがとう』（作詞・作曲／井上陽水・奥田民生）の歌を1時間ばかり聴き続け、歌詞に表現されている「ありがとう」の情景の1つひとつを介護の現場に照らし合わせて思い描くのも大事なことである。

「ありがとう、ありがとう、感謝しよう。微笑んでくれて、どうもありがとう。プレゼントくれて、どうもありがとう。楽しんでくれて、どうもありがとう。手を振ってくれて、いつもありがとう。気づかってくれて、本当にありがとう。つながってくれて、毎度ありがとう。強い人、弱い人、男の人、女の人、目立つ人、地味な人、みんなみんなありがとう、ありがとう、ありがとう、感謝して」が一番。

「連れてってくれて、たまにありがとう。重なってくれて、実にありがとう。弾き飛んでくれて、今日はありがとう。つき合ってくれて、どうもありがとう。うまく誤魔化してくれて、どうもありがとう。笑いとばしてくれて、どうもありがとう。近い人、遠い人、やさしい人、つめたい人、好きな人、嫌な人、みんなみんなありがとう、ありがとう、ありがとう、感謝して。感謝しよう、ありがとう」が2番。

「私たちがいなくても利用者（スタッフ）は困らないが、利用者（スタッフ）がいなければ、私たちにとっては死活問題である」と、『介護ビジョン』創刊前特別編集号に記したのは2003年4月のことである。

当たり前のことに、疎くなっている自分がいたとしたら経営（継栄）は危うい。

まずは、

「ご苦労さま」

「ありがとう」

と、〝共創原理〟の旗を掲げることから提案したい。

（1）19世紀の哲学者。アンリ・フレデリック・アミュエルの箴言。

Ⅲ 人財育成編

経営に役立つ人財とは

六正六邪①

（ろくせいろくじゃ）

国を繁栄させる6つの人財と、国を滅ぼす6つの人罪のこと。

優れた人財を発掘するために

「オーナーシップの意識をもつ1人ひとりの行動変革」を意識した「人財」の輩出が、「経営（継栄）」の意識に厚みを生む。

とはいえ、一事が万事、何でもズバズバと直言するから良いというものではない。

『貞観政要《じょうがんせいよう》』のなかで魏徴《ぎちょう》は、『説苑《ぜいえん》』（中国の儒家書。前漢の劉向撰《りゅうきょうせん》。春秋時代から漢初までの訓戒とすべき故事・伝説類を集め、君道・臣術・建本・立節・貴徳・復恩など20に分類したもの）の「六正六邪」を引用している。

「人を知ることに優れた君子は、臣下の善《よ》し悪《あ》しをよく知ること。臣下の賢愚を知らねば、国を治めることなどできるはずがない。優れた臣下は国内に数多《あまた》存在する。君子が恥ずべきは、優れた臣下となる人材を意欲的に見つけ出す熱心さを欠き、育てる努力を怠《おこた》ること。発掘した人材は、長所を用いて短所をかばうこと。職務能力の目標を高く期待するには、忠実公正に成果を評価すべきである。自ら励《はげ》み、努力を惜しまないためにも六正の行動を勧め、六邪の心を戒《いまし》めることが欠かせない」

そのうえで、周の文王・武王などを例にあげ、国を治める為政者《いせいしゃ》はどのような臣下を登用・重用したらよいかを説いた。

時代が全く異なるとはいえ、「高い目標、動機づけ、成果の正しい評価、人の育成」は、ピーター・F・ドラッガーが経営執行者に提言している職務にも通じる。

今日にも大いに役立つ「人材発掘、人財育成」の基本を学ぶために、「六正六邪」の理解を深めたい。

人財は「六正」に通じる

まず、「六正」から見ていこう。これは、経営トップに欠かせない「聖臣」「良臣」「忠臣」「智臣」「貞臣」「直臣」の6通りの人財を指している。

現代風に置き換えて解説したい。

□聖臣

現在の社会・経済をとりまく市場環境の動向を読み取り、物事の兆しが現れる前に、自らの経営が置かれた立場を見抜いて対応し、トップに対してもこのような立場で意見具申する者を指す。先見性をふまえ、着眼大局・着手小局のできる人といえばわかりがよい。

□良臣

何事にもとらわれぬ素直な気持ちで職務を遂行しつつ時に大計をトップに進言する。そのトップの長所を伸ばしながら短所を補いつつ、器量を高めることを怠らない者のこと。

□忠臣

日夜仕事に精を出し、〝賢者〟の登用・重用の進言を怠らず、先人の知恵を説いてトップを励ます者のこと。

□智臣

事業の成功・失敗を予知し、未然にリスクを回避させるとともに、禍根《かこん》の原因を取り除くことができる者のこと。

□貞臣

法律を尊重し、自らの職務に精励する。質素《しっそ》倹約《けんやく》を旨とするため、高給は辞退し、贈物は人に譲るような者のこと。

□直臣

自社が経営危機の状態に陥《おちい》るような場合、進んでトップに過失を述べて諫言《かんげん》する者のことである。

誰もが優れた人財になれる

六正六邪②

（ろくせいろくじゃ）

国を繁栄させる6つの人財と、国を滅ぼす6つの人罪のこと。

「六邪」は人罪に通じる

「六邪」は、「六正」とはまったく逆で「見臣」「諛《ゆ》臣《しん》」「姦臣《かんしん》」「讒臣《ざんじん》」「賊臣」「亡国の臣」の6通りの人罪のことを指す。

□見臣

職位・役職に安住して高給をむさぼり、職務に精励することなく世間やマスコミの報道に順応し、常に周囲の情勢をうかがっている者のこと。

□諛臣

何事もトップの言動はすべて善であると誉め、迎合するのみ。あとの憂いを全く考えないお調子者のこと。

□姦臣

口が上手で一見温和だが、心中は陰険邪悪で善者や賢者をねたみ嫌う。自分に都合の良い者は長所を誇張して推挙するが、失脚させたい者は短所を誇張して容赦もなく蹴落とす者のこと。

□讒臣

自分の非をごまかすことが巧く、弁舌さわやかに自分の主張のみを唱える結果、人心に対立構造や憎悪・怨念などをつくる者のこと。

□賊臣

権力を自分の意のままにし、都合の良いように標準を定め、自己中心の組織をつくって地位や名誉を高め私財を富むことに専念する者のこと。

□亡国の臣

賢者を排斥《はいせき》し、トップのご機嫌を取りつつ陥れのチャンスをうかがう。ここぞとばかりにトップの命運を断つようなスキャンダルを撒き散らして、名声を地に貶《おとし》める者をいう。

人材登用はトップの責任

人は、「六正」と「六邪」の要素をもち合わせている。魏徴《ぎちょう》は、六正となる賢臣の育成について、『礼記』(古代中国の経書。49篇。五経の1つ。周末から秦、漢にかけてのさまざまな儒学者の古礼に関する諸説を整理し編集したもの)から引用して次のように説いている。

「はかりの分銅と竿《さお》が間違いなくかかっていれば重さを、コンパスと定規が正しく使用されていれば曲直をごまかすことは容易ではない。君子が礼節であれば、臣下が邪《よこしま》な策略をめぐらすことなど難しい。臣下の信《しん》賞《しょうひつばつ》必罰も同じこと。法を用いて制御するも手厚い礼をもって待遇する。善行の者には賞を与え、悪行の者には罰が下されることが明白であれば、臣下は主君のために力を尽くし、善行をしないわけがない。賞を授けるに際しては疎遠の者を忘れることなく、罰を与える場合は君子に重用されている高い身分の人も分け隔《へだ》てしない。すべての判断は、公平をものさし、仁義を標準に行えば、邪と正の区別、善と悪の分別もできるようになる」

ただ単に「六正」を揃え「六邪」を排除すればよいというものではない。適した人を探し求めるばかりではなく、君子の周囲にいる誰もが「六正」となる器を備えている。

まずは、君子自らが行動を正しくすることに尽きる。人材登用は、上に立つ者の責任であり、いかに良い人材を発掘するか。そのうえで、発掘した人材の育成が重要であることにも言及が続く。

〝人財〟は「六正」に通じる。

〝人罪〟は「六邪」に通じる。

「才知ある人物、役に立つ人物」という意味をもつ人材だが、育成によっては、「六正」にもなれるが、「六邪」にもなってしまう。

つまり、諸刃の剣にあるということを「六正六邪」から学ぶことも大事なことである。

古《いにしえ》の故事とはいえ、経営(継栄)の仕組みを築き上げるには、「六正六邪」の真髄《しんずい》をきわめる人材発掘・人財育成を〝倦《う》まずたゆまず〟行うべきである。

人財が育つための環境

桃李成蹊
（とうりせいけい）

優れた人物のもとには、自然に多くの人が集まってくるという意味。

人財か人手か、本音はどっち！

介護事業所のなかには、人材募集、人材育成とは裏腹に、「人手さえ集めればよい」との考え方が跋扈《ばっこ》している。早い話、猫の手も借りたいと、人の手間のみを欲しているだけ。人財という美辞の影に隠れ、当て職の人在確保という実態も否《いな》めない。極論すると、人物ではなく、その人が取得した資格と経験のみが求められているといっても過言ではなかろう。

読者から、1年間の離職が80%を超える事業所、なかには90%以上のところもあるのだと聞かされた。事業所の方針に〝合わない〟とダメ出しの烙印《らくいん》を押されたスタッフは、「間髪《かんぱつ》置かずに切り捨てる」と息巻くオーナーも少なくないという。

所長のやり方についていけないスタッフ数名が反旗《はんき》を翻《ひるがえ》し、散々に事業所をかき回した挙句《あげく》、退職した例がある。プライドが高くて自らの非を認めない所長は、スタッフとの人間関係に自信を喪失して、新規採用には消極的。シフトのやりくりが回らず、残ったスタッフは疲労困憊《こんぱい》でクタクタ。それを尻目に、辞めたスタッフが事業所を近くに開設して、泥仕合《どろじあい》の様相を呈《てい》しているとか。

人材を人罪に貶《おとし》め、あえて腐らせるように仕向ける組織も少なくない。

一方、面談時間を十分に確保したうえ、採用後は、「簡単に辞めさせるようなことは絶対にしない！」と、語気を強める施設長もいる。ここでは、日々、施設長とスタッフが、切磋琢磨《せっさたくま》によって築き上げた知恵の汗が、アセスメント表の創意工夫につながり、入所者を通してケアの質を高めるエビデンスの蓄積が輪となり広がっていた。「私の子どもが年老いた頃、充実したケアが行われているようにとの気持ちで、スタッフと一緒に魅力的な介護現場づくりをめざしている」と、介護職が口にした働き甲斐《がい》めいた言葉が印象的だった。「玩人喪徳《がんじんそうとく》・玩物喪志《がんぶつそうし》」を率先垂範《そっせんすいはん》する模範例である。(1)

共生型が人財育成のバネに

中国の古典『史記』には、「桃李《とうり》言わずして下自ずから蹊《みち》をなす」という言葉がある。桃や李《すもも》の木は、よい香りの花を咲かせ、美味しい木の実をつけることから、これを求めて自然と多くの人が集まり、やがて道ができてしまうという意味で、略して「桃李成蹊」という。プロゴルファーの夢を抱いて有名プロの門を叩いたら、すでに何人ものプロ入りを志す卵たちが弟子《でし》入りの順番を待って行列する有様といってよい。

在日フィリピン人を採用する介護現場(2)もあれば、親の虐待から逃れるため養護施設預かりとなった障害をもつ子どもを引き受け、退所後、職員として採用しているところもある。

少年院を出所した若者を、あるいは元暴力団員の若者を介護職として更生させて育てているところもある。

資格倒れの有資格者ばかりを揃えがちな事業所よりも、寄り道をした人生経験の豊かな若者が加わった事業所のほうが、多様な価値観がスタッフ全員に漲《みなぎ》っているという雰囲気が不思議なくらい手に取るように伝わってくる。社会復帰の受け皿と考えて就労環境を整えたわけではないが、採用は桃李成蹊の状態にあるという。

介護の現場では、要介護者と障害者、幼児などを一体的に支える共生型事業の仕組みが浸透する地域もある。「人としての素養、資質を高める工夫こそ率先すべき」と、人材確保・育成の1つである伝統的な住み込み型雇用形態を通して、人づくりに余念のない事業者もいる。

(1) 40頁「凡事徹底《ぼんじてってい》」参照。(2) 180頁「蝉蛻龍変《せんぜいりゅうへん》」参照。

人材難を克服するためには

杯中蛇影

（はいちゅうのだえい）

恐怖心や疑いの気持ちがあると、何でもないものまで恐ろしいものに見えていたものも、正体を知ると何でもなくなるということのたとえ。

オレンジプラン

2013年は、4人に1人が高齢者となり、その高齢者の5人に1人が介護サービスを必要とする時代となった。つまり、わが国の総人口の100人に5人、もしくは20人に1人に対して、何かしらの介護サービスを用意しなければならないということである。

2012年6月18日、厚生労働省の認知症施策検討プロジェクトチームが、「今後の認知症施策の方向性について」を公表した。

続いて8月24日、「認知症高齢者の日常生活自立度Ⅱ（日常生活に支障を来すような症状・行動や意思疎通の困難さが多少見られても、誰かが注意すれば自立できる状態）以上の高齢者数について」のなかで、2015年には345万人、2020年には410万人、2025年には470万人になると将来推計が示され、認知症施策推進5カ年計画（2013～2017年度）、いわゆる〝オレンジプラン〟を9月6日に発表。2013～2014年度に各市町村でケアパスの作成を推進、15年度以降、介護保険事業計画（市町村）に反映させる。

2025年には団塊の世代が75歳を超える。〝大介護時代〟の到来は間もない。

用意とは、「地域で医療や介護、見守りなどの日常生活支援サービスを包括的に受けられる在宅中心の認知症施策にシフトすることをめざす」ということであろう。

幽霊の正体見たり

２０１３年の干支は、蛇《へび》（巳《み》）。

疑いの心をもって見ると、何でもないことでさえも疑わしく見え、怯《おび》え苦しむという意味をもつ「杯中蛇影」という故事がある。

ある人が友人の家で酒を飲み、壁にかけてある弓が杯《さかづき》の酒に写ったのを見て蛇と思い込み、その酒を飲んだことを気にして病気になってしまうが、「それは蛇ではなく、弓の影が映っていただけだ」と友人から説明されると、たちまち病気が治ったという中国古典の『晋《しん》書（楽広伝《がくこうでん》）』に由来する。「幽霊《ゆうれい》の正体見たり枯《か》れ尾花《おばな》」「疑心暗鬼《ぎしんあんき》を生ず」「茄子《なす》を踏んで蛙《かえる》と思う」等の類義語がある。

「痴呆《ちほう》」から「認知症」へと呼称変更したことに合わせ、認知症の人と家族への応援者である認知症サポーターを全国で１００万人養成し、認知症になっても安心して暮らせるまちをめざして２００５年度から始まった「認知症サポーター」を養成する活動は、２０１３年3月31日に４１０万人を突破した。

「認知症を知り地域をつくる」とした取り組みは、一定の成果を上げたと評価ができる。

これに呼応して、介護職を志す者が増えるようにしたいところだが、それができていない。

人材難を克服するためにも、４つの視点と判断が急務である。

1　長期的視点（時代の先を視て判断する）
2　全体的視点（一部ではなく、全体を視て判断する）
3　目的視点（本来の目的から視て判断する）
4　多面的視点（全く違う角度から視て判断する）

対人力を高める意味からも「杯中蛇影」を払拭し、人材難の見方やとらえ方を見直すことが必要だ。

万能一心
（まんのういっしん）

あらゆること（技・芸）に熟達しているものの、心に誠、つまり真心が欠けているようではならない。

大切なのは心のあり方

介護保険施行から10年が過ぎ、施行当時20代の職員は30代、30代は40代、40代は50代へと、介護職の世代交代が進んだ。

各事業所では介護福祉士、介護支援専門員、認知症ケア専門士などの有資格者も増えてきた。「介護の質」を上げるための体制が整いつつある。

鹿児島には、今も伝わる『島津いろは歌』がある。

「万能も一心あり事ふるに
　　身ばし頼むな思案堪忍」

いかに万能に達しようとも、思い遣《や》るという一心が大切であるとの戒《いまし》めを説いたもので、「万能足りて一心足らず」とか、「万能一心」などとしても知られる。すべての物事に効能があること、さまざまの物事に

巧みなことなどの意味を含んだ「万能」は、科学万能の時代、スポーツ万能選手などでは〝ばんのう〟だが、この場合は〝まんのう〟と読まなければならない。利する心がけ、つまり利己か利他かを履《は》き違えるようでは、資格を得たところで「介護の質」が容易に上がるとは考えにくい。

『島津いろは歌』は、江戸時代に外様大名として薩摩藩主を代々務めた島津家中興の祖・島津忠良《ただよし》（日新《じっしん》斎《さい》）が、自らの戦を通じて学んだ人生経験を47首の和歌に託し、人としての道、人の上に立つ者の心得として記したものである。「郷中《ごじゅう》教育」[1]と呼ばれた薩摩藩士の育成制度において『島津いろは歌』が教典とされ、その精神は受け継がれていった。西郷隆盛や大久保利通など明治維新で活躍する志士たちに大きな影響を与えたといわれている。

今の仕事は能力に見合っていると思いますか[2]

介護職に従事した歳月を振り返って、次の設問に目を通してほしい。

問1　今の仕事は、自分の能力に見合っていると思いますか。また、今の職場でこれからも働くことでキャリアをつくれると思いますか

問2　今の職場の経営理念、使命感、目標などを理解して行動していますか

問3　今の職場の経営理念、使命感、目標などに沿った仕事をしていると思いますか

問4　今の職場を知人に勧めるように勧めることができますか

問5　今の職場で何を期待され、どのような成果を上げることが求められているのかを理解していますか

問6　そのためには、ご自身が何を経験すべきであるかということをご存知ですか。また、具体的な目標を立てて、それに向かってチャレンジしていますか

問7　ご自身が自らを変えることのできる行動の源泉をもっていますか

問8　それは今の職場で培われたものですか

問9　5年後、そして10年後、何をしているのかということを言えますか

問10　それは、ご自身の希望であり、ワクワクするものですか

全項目に対する自己評価はどうか。

介護従事者の就労環境は、処遇改善交付金の給付や介護報酬の増額などで解決を図ろうとする動きが目覚ましい。

だが、未来に光明を標《しる》すなら、10項目への取り組みこそ、事業者自身の課題ではないだろうか。

（1）134頁「教学相長《きょうがくあいちょうず》」参照。

（2）『早川浩士の常在学場』筒井書房、補講「三十而立」から。

自分自身と戦うこと

倜儻不羈

（てきとうふき）

独立心に富み、才気があり常規では律しがたいこと。

媚《こ》びず、阿《おもね》らず、謗《そし》らず

新島襄《じょう》(1)の言葉として知られる1つに「倜儻不羈」がある。

倜儻とは、①才気があって、優れていること、②独立していて、拘束されないこと。

不羈とは、①しばりつけられないこと。束縛されないこと。おさえつけにくいこと。②才識に優れて常規で律しがたいこと。

この2つの言葉を連らねて、「手綱《たづな》につながれて飼い慣らされた馬のようになってはならない！　己《おのれ》の信ずるところ、気概をもって貫け！」と、新島の門をくぐった学生等に対して、自ら檄《げき》を飛ばしたようである。

大自然を闊歩《かっぽ》する野生馬でさえ、飼い慣らされて、手綱につながれてしまっては、好き勝手に身動きをとることなど難しい。

学ぶとは、学問する、教えや技（業）を受ける、まねてする、習って行うなどがある。

学ぶは、学ぶに通じるとはいえ、真似《まね》る（模倣《もほう》する）だけに止まる者も少なくない。

先人（先生）の教えを盲目的に諳《そら》んじるのみとなり、己の考えを明晰《めいせき》にもつことのできない者が出ることを危惧《きぐ》したのであろう。

学びの実践を深めるには、〝媚びず〟〝阿らず〟〝謗らず〟の3点が大事である。

〝媚びず〟とは、やたらに相手に迎合しないこと。

〝阿らず〟とは、むやみに相手のご機嫌取りをしないこと。

〝謗らず〟とは、悪しざまに非難したりけなしたりしないこと。

世の中の器（会社組織）に合わせた人づくりに汲々《きゅうきゅう》とするのではなく、その人の個性や特性を活かしつつ、自らが考えて、行動して、責任を取ることができること。

そのためにこそ、才気があって優れ、独立心が旺盛《おうせい》で、常規では律しがたい人物をめざせ。

倜儻不羈に込められた新島の人づくりの視点から、21世紀の超高齢社会を築くための人財育成の本質を垣《かい》間《ま》見ることができる。

勝ち組は価値組のこと

新時代を創造しなければならないのは、あなた自身である。

「人は、他人と戦っているのではない。世間と戦っているのではない。自分自身と戦っているのである」と、職員に言い続けるトップがいたなら、自身との戦いにも全力を注ぎ続けることである。

時代とともに制度や価値観も変わる。進化は、深化と新化を伴う。

そこには、人としての真価の発揮が問われるようにして試されていることを忘れてはならない。

真価の発揮は、人（＝介護人財）の価値を決める。真の勝ち組とは、人として真価を発揮することのできる価値組のことである。

介護人財のあるべき姿を描くには、社会資源（資産）としての価値と評価を高め、人生の登竜門となる道筋を切り開くことのできる倜儻不羈の人物の登場が待ったなし。

「古の道を聞きても唱えても
　わが行いにせずば甲斐なし」

この歌は、いろはの順に47首ある『島津いろは歌』(2)の最初に登場する。明治維新を起こした薩摩藩士たちに与えた影響は、計り知れない言われる1首である。

昔の賢者の立派な教えや学問を口に唱えるだけで、実行しなければ何の役にも立たない。実践して実行することが、もっとも大事である。

私たちは、何ができるのであろう。この1首から。

（1）明治六大教育家の1人として、現在の同志社大学を創立した人。
（2）128頁「万能一心《まんのういっしん》」参照。

安易なほうに流れぬために

馳騁畋猟
(ちていでんりょう)

馳騁《ちてい》は、馬を走らせること。畋猟《でんりょう》は、狩をすること。馬を走らせ狩りに夢中になってしまった馬上の人は、いつしか精神に異常を来したように平常心を失ってしまうという意味。

平常心を保つために

『老子(第12章)』には、「馳騁畋猟は人の心をして狂を発せしむ。得難《えがた》きの貨は、人の行いをして妨《さまた》げしむ」とある。

経営も然り。業績が悪化すれば、見たくもない赤字が帳簿を飾ることもある。

好業績となれば、キャッシュフローが踊り出す。お金を追いかけているわけではないのだが、常に売り上げと支払い金額が頭の中を駆けめぐっている。

トップの仕事は「資金繰りに長《た》けることである」と鼻持ちならない高言をする人もいる。だが、その一部始終を、部下に見られていることに気がつかない。

情意(感情と意志)の制しがたいことを馬にたとえた〝心の駒《こま》(馬)〟がある。

平常心を欠くのは、我利(自分だけの利益)や我見(自分だけの偏った狭い見地・意見)がその人の心に飛び込んで、馳騁畋猟と化している状態といってよい。

事業者の収入の多くは、被保険者である利用者に代わって市町村から代理受領する介護報酬である。そうした立場を再認識するため、自らの給与明細表を利用者に預け、給与支払日に利用者から手渡ししてもらうことを大事にしているトップがいる。

この事例は、お金に汚いトップへの薬(良薬は口に苦し)となるに違いない。

〝心の駒〟の手綱を締めるという心がけは、トップの資質の鍛《きた》え方の良き手本の1つと同感した。

あるべき姿とは何か

「理も法も立たぬ世ぞとて引安き
　　心の駒の行くに任すな」

〝心の駒〟を詠んだ『島津いろは歌①』の一首である。

道理も法も通らない。自分にとって都合の良い行いや考えばかりがまかり通って、社会のルールやマナーさえも守れない世の中である。

「しかたがない」「しょうがない」などと嘆いて、自らも心の許すままに安易なほうへと傾き、わがまま勝手に過ごしてはいけない。

投げやりになってはいけない。ましてや、自暴自棄となって勝手放題をするようであってはならない。

あるべき姿を自学自修せよ。

それが自分1人であったとしても、正しき道を開(拓・啓)くために心を奮い起こし、正義と人の道を貫くことである。

すべては、〝心の駒〟の手綱さばきにあるとはいえ、勝手な行動や気の緩みを自ら戒《いまし》めることが鍛えられていない心が、暴走する馬のように走り回り、騒ぎ立てる猿のように暴れて手に負えない〝意馬心猿《いばしんえん》〟のようになってしまう人がいる。

「心の駒に手綱を許すな」という箴言《しんげん》を心骨に刻すとよい。過ちを繰り返さないよう、油断なく心を引き締めよということ。

また、「老いたる馬は道を忘れず」という〝老馬之智〟もある。道に迷った時、老馬の知恵を利用したところ、無事に帰ることができたという中国の故事だ。

経験を積んだ人は、確かな知恵を蓄えているので誤ることがないという意味がある。

「弓を得て失ふことも大将の
　　心ひとつの手をば離れず」

組織の結束力をまとめるのも失うのも、すべてトップの心1つ。1本の矢に心が宿ったなら、手から離れたところで、その矢が目標を外れることはない。それは、弓を通して心が1つにながっているからである。

これも『島津いろは歌』である。

スタッフの人材育成を真に願うなら、自らの心が育っていく姿を示していくことである。

心の大掃除も忘れずに。

(1)128頁「万能一心《まんのういっしん》」参照。

教えることを通して自らも学ぶ

教学相長

（きょうがくあいちょうず）

教えることと学ぶことが上手く噛《か》み合ってこそ知徳は助長発展する、人を教えることは自分の修行にもなるという意味。

ボーイスカウトのモデル

「負けるな。うそを言うな。弱いものをいじめるな」鹿児島に伝わる薩摩三訓《さつまさんくん》である。

「人をもって城となす」という薩摩藩の伝統的な「郷中《ごじゅう》教育」によって根気強く教えられて育まれたとされる薩摩人気質の原点は、豊臣秀吉の九州征伐《せいばつ》に危機感を感じた藩主島津義久《よしひさ》・義弘《よしひろ》公兄弟らが起こしたものに端を発し、江戸時代250年の間に体系を整えるという長い歴史のなかから生まれてきたもの。

基本的な特徴は、「師弟同行」といわれる異年齢集団のなかで、青少年の自治的な相互教育にある。4〜5町四方を単位とする「方限《ほうぎり》」を基盤として、そこに含まれる区画や集落に居住する青少年を小稚児《こちご》組（6〜10歳）、長稚児《おせちご》組（11〜15歳）、二才《おせ》組（15〜25歳）、長老《おせんし》（妻帯した先輩）の4つのグループに編成した。

教育方法は、小稚子組を長稚子組が教え、長稚子組は二才組が教え、二才頭が郷全体の指導の責任者となって教えるというもの。西郷隆盛もそのなかの1人。具体的には、①武道の修練（剣、槍、弓、馬術等の武術）、②勉学の実践（島津いろは歌暗唱、薩摩義士伝輪読会等）、③山坂達者《やまさかたっしゃ》（海・野山遊びによる体力の養成）、④詮議（ディベート方式の討論会）を通じ、先輩が後輩を指導することによって、強い身体力と不屈の精神力を兼ね備え、薩摩武士の要素として一番大切な事とされていた「主体性・実践力」をもった人財を育てようとする組織であった。現在全国で活動しているボーイスカウトのようなものと考えればわかりやすいかもしれない（一説には、イギリスで始まったボーイスカウトの誕生の背景の1つは、薩英戦争において薩摩藩の士気の高さに感銘を受けたイギリスが、その精神が郷中教育によって育まれたことを知り、その教育方法を自国に取り入れたものともいわれている）。

学ぶことを嫌いにならないようにするためには、学んだことを教えることであり、しかも飽きずに教えられることであるという意味の「学びて厭《いと》わず、人を誨《おし》えて倦《う》まず」という言葉が『論語（述而7）』にある。

また『書経』には、人に教えるというのは、少なくとも半分くらいは自分が学ぶものであると傅説《ふえつ》が高宗に語った「教うるは学ぶの半ばなり」の言葉もある。

スタッフ教育、育成のヒントに資することができるとしたら嬉しい。

教えることで知識不足を知る

人を教える時には、学んだことを調べ直したり知識を整理し直したりすることができる。教える側にとっても学んだことを再確認できる機会を得たことになる。

教えるとは、自分の知識の曖昧《あいまい》さや未熟さを悟ることでもある。

『礼記』の一節に「学びて然る後に足らざるを知り、教えて然る後に困《くる》しむを知る」とある。学ぶことで初めて、自分の知識が不足していることがよくわかり、人に教えてみて初めて、学ぶことの難しさがよくわかるということを指している。人材の教育、育成は、互いに教え学び合い、共に協調して成長していくのが理想である。

余談だが、教育という言葉は、educationの訳語としてつくられた造語であり、本来の意味をていねいに訳すならば「知恵を拓《ひら》く」が適当で、『知拓』という言葉も考案されたようだが、採用には至らなかったのだという。

皮相浅薄《ひそうせんぱく》の人は、教える側と教わる側に分けて教育を考えがち。

『礼記』には「教学相長」という言葉がある。人に教えることで、自分の未熟さや至らなさに気づかされることのできる人がいる。これを自覚し、バネにして、一層のチャレンジする意欲を燃やすことを楽しめるか、否か。教育を共育、共有、共鳴、共感へと紡ぐ仕組みの構築がカギを握る。

企者不立

（つまだつものはたたず）

企《つまだ》つ＝爪立《つまだ》つ＝爪先立《つまさきだ》ちとは、足の指先で伸び上がるようにして身を支えて立った状態のこと。爪先立ちで長く立っていられないように、他者と競うために無理をしても長続きしないということ。

無理をしても長続きはしない

爪先立ちは決して、楽な姿勢ではない。なぜ、無理を強いるのだろう。

『老子（第24章）』には、次のようにある。

企つ者は立たず（＝企者不立）
跨《また》ぐ者は行かず
自ら見《あらわ》す者は明らかならず
自ら是《よし》する者は彰《あらわ》れず
自ら伐《ほこ》る者は功なし
自ら矜《ほこ》る者は長ぜず。

爪先で背伸びをして立つ者は、決して長く立ってはいられない。

大股で足を広げて歩く者は、決して遠くまでは歩けない。そんな無理がいつまでも続けられるわけがない。

自分で自分の才能を吹聴する者は、決して明智の持ち主ではない。

自らのしたことを鼻にかけて自慢する者は、決して広く世間から賞賛されることはない。

自らの才能を誇って慢心の強い者は、決して長続きはしない。

他者と競うように生きようとすれば、無理をしてでも背伸びをしたくなるような気持ちを戒《いまし》めた言葉としてとらえるとよいだろう。

躓《つまず》く石も縁の端

道を歩いて足先を小石に突き当ててよろけたことがあったので、転ばぬ先の杖を手に取るというのも1つの考え方である。

しかし、つまずいた小石も自分と何かの縁でつながっていたのであり、どんなに小さなことでもすべて何かしらの縁によって結びつきがあるという意味をもつ「躓く石も縁の端」ということわざがある。

躓く最大の理由には背伸びがあり、その結果として「企者不立」となることが少なくない。

解決への一石として「躓く石も縁の端」を転ばぬ先の杖とするための「躓き暴露会議」を提案したい。

第1段階は、経験者から率先して、失敗したこと、お粗末だったこと、一所懸命ではなかったことを語ることであり、ポイントは、その後、どうしたのかということを加えることである。

失敗したことが、どのようにしたら成功に結びついたのか。失敗が成功につながるための、手がかりを掴むことである。

お粗末だったことが、どのようにしたら優れたことに結びついたのか。お粗末さが優れたことにつながるための、手がかりを掴むことである。

一所懸命になれなかったことが、どのようにしたら一所懸命になれるように結びついたのか。一所懸命でなかったことが一所懸命につながるための、手がかりを掴むことである。

第2段階は、第1段階をふまえて、つまずいた石を手がかりとして、何を学ぶべきかを整理することである。特に「集中」「改善」「研鑽」「教訓」の4点は、重要なポイントであり、組織全体にとっての財産となるものが、「教訓」とすべきことである。

第3段階は、第2段階をふまえて、「人財育成」のあり方を見直すことである。

限られた時間のなかで何か物事を成し遂げていくには、「きりがない」「仕方がない」といったネガティブ用語を用いず、最善を図るために「限りを尽くす」といったポジティブ用語を用いながら、創意と工夫を怠らないことである。

背伸びをしたがる人は、一部の虚勢を張った人を除けば、向上心に溢《あふ》れているといっても過言ではない。だが、些細《ささい》なことからつまずく人が跡を絶たない。

人が〝爪先立つ〟と、事業もつまずく（爪突く）ことは必定であるからと躓転《しってん》を恐れて足をすくめるのか。

さて、どうする。

うだつを上げよう

一視同仁

（いっしどうじん）

すべてのものを平等に見るには、偏らないで物を見る公平な態度がとれるよう、〝仁〟の心を養わなければならないという意味。

うだつが上がらない

「介護の仕事をいつまで続けていても〝うだつが上がらない〟から、さっさと辞めてしまいなさい」と、家族から言われて辞めてしまったという元介護職員がいる。

〝うだつが上がらない〟の〝うだつ〟とは、建物の棟《むね》を支えるため、梁上《はり》に立てられた棟束を宇太知《うだち》、宇立《うだ》ちとの名で呼んでいたものが、〝梲《うだつ》〟や〝卯建《うだ》つ〟とも表すようになった。棟上げをするという大工《だいく》言葉が転じて、これに志を成すという意が加わったもので、日本建築の用語にその語源がある。

ここから、出世ができない、運が悪くてよい境遇に恵まれない、地位や生活などがパッとせず冴《さ》えないことなど総じて〝うだつが上がらない〟というようになった。

介護の仕事は、利用者の誰1人に対しても依怙贔屓《えこひいき》をすることなく、すべての人に対して平等に見て同じように思いやりをもつことが求められる。

中国・唐代の韓愈《かんゆ》は、これを「視を一にし仁を同じくす」と読んで「一視同仁」と『原人』に表した。「一視」は、平等に見る。「同仁」は、すべてに仁愛を施すこと。

わが国は、2007年から25年にかけて、15～64歳の生産年齢人口は約15％減少し、労働力も約5～13％程度減少すると見込まれている一方、介護職員の数は212～255万人と現状の倍以上が必要であるとの試算が、社会保障審議会第33回介護保険部会で示された。

介護の仕事は、誰かが〝うだつが上がらない〟と嘆くのではなく、誰もが〝卯建つ〟ようになるための仕組みをつくることが必要だ。

　複数事業所連携事業の取り組みを通して、事業所間の職員交流などで資質向上を図るための触発を図るところもあるのだが……。

卯建つ

　いたずらっこのウサギを擬人化して描いた児童書『ピーターラビットのおはなし（The Tale of Peter Rabbit）』が出版されたのは、日本と英国との間に軍事同盟が締結された1902（明治35）年のことである。

　ロンドン生まれの絵本作家・ヘレン・ビアトリクス・ポターは、二十数冊の本を書き続け、『ピーターラビット』シリーズの累計《るいけい》発行部数は全世界で1億5000万部に及ぶ。

　だが、女性の職業が極端に制限されていた時代でのこと。

　1902年、36歳の時最初の本が出版されるまでの道のりに立ちはだかった、「女性は、結婚と子育て」という考え方を求める家族と社会の執拗《しつよう》な眼差しから逃れることは容易なことではなかった。

　良縁に恵まれた晩年、その美しさが失われないようにと英国北西部の湖水《こすい》地方の土地4000エーカー（16平方キロメートル）を買い上げた。その遺産は国立公園の一部となって現在に至っている。

　『ピーターラビット』の生みの親・ポターは、世間の考え方に揺らぐことなく絵本作家としての道を貫いたことで、ウサギが安心して暮らせる自然環境を守るためのナショナル・トラスト運動の道を開いた先駆者《せんくしゃ》の1人。

　〝梲が……〟と嘆《なげ》く前に、万難を排して卯建つ！

彬彬翩翩

（ひんぴんへんぺん）

外見の美しさと内面の質朴さが適度に調和しているかのようなさま。

文質《ぶんしつ》彬彬はトップの条件

〝文〟は、表面の美しさ。洗練された教養や美しい態度、容貌など外見のこと。

〝質〟は、内実、実質。飾らない中身のことを指している。

『論語（雍也6）』には、「質文に勝てば則《すなわ》ち野《や》なり。文質に勝てば則ち史《し》なり。文質彬彬として、然《しか》る後に君子なり」とある。〝文（外見）〟と〝質（内面）〟の両者、つまり、外見の美しさと内面の質朴さが適度に調和している状態を文質彬彬と表し、トップに欠かせない条件の2つであるという。

米沢藩（山形県米沢市）9代藩主上杉鷹山《ようざん》の師、細井平洲《へいしゅう》が若き鷹山に宛てた手紙には、文質彬彬をもじって彬彬翩翩《ひんぴんへんぺん》と鷹山の姿勢を記している[1]。後に「彬彬は文質相半ばするの貌なり、翩翩は自得の貌なり」と解釈が添えられ、藩政改革を指揮する若き鷹山に賛辞を送っている。

崩壊寸前の米沢藩を復興させた上杉家中興の明君として知られる鷹山は、高鍋藩（宮崎県東部）秋月家から10歳で養嗣子として入り、14歳で平洲に師事し、17歳で藩主となるや、大倹令、産業振興と開発、藩校興《こう》譲館《じょうかん》の創立、綱紀粛正《こうきしゅくせい》を断行した。

凶作に備え、城下や村々の蔵にもみを備蓄し、天明《てんめい》の大飢饉《だいききん》には領民に配り1人の餓死者《がししゃ》も出さなかったと伝えられる。

また、治広《はるひろ》に家督を譲るとき、藩主としての心構え三カ条を示した「伝国の辞」は、米国大統領35代ジョン・F・ケネディ、42代ビル・クリントンが民主主義の原点と評価したことでも知られる。

生《な》らぬは人の生さぬ生りけり

政府は、新成長戦略の一環として、働く個人の職業能力を育成し、就業機会を得やすくする「実践キャリア・アップ制度」の導入を検討している。

介護などの新成長分野が中心であり、肩書よりも職業能力を客観的に評価する英国の「段位制度」を参考にしているようだ。

介護従事者の質の底上げを容易に図ることができると期待されがちだが、「介護○段」を取得することが目的化されれば、職種内の技量の格差のみを明らかにするだけで終わりかねない。

これまでの介護現場は、主婦がヘルパー（介護員）として第一線を支えてきたことは周知のことであり、いつまでも現役続行というわけにはいかない。

若い世代のなかには、家で風呂掃除や洗濯、料理などの手伝いをしてこなかった人も少なくない。

介護の専門性向上とともに、家事力、家庭力を涵養《かんよう》する仕組みの重要性を説かなければ、これまで築き上げてきた在宅介護は根幹から揺らぎかねない。

あわせてトップにも、世代交代の波が押し寄せてきた。

後継者は、彬彬翩翩とはいかないまでも、文質彬彬を目標に掲げることができる人でありたい。

生せば生る
生さねば成らぬ　何事も
生らぬは人の　生さぬ生りけり(2)

家来衆《けらいしゅう》に万事についての可能性を示した鷹山の遺訓だが、今も語り継がれる箴言《しんげん》である。

帝王学の一書、『書経』の「慮《おもんぱか》らずんば胡《なん》ぞ獲ん、為《な》さずんば胡ぞ成らん」に由来するが、いわずと知れたトップの心構えでもある。(3)

(1) 手紙は「嚶鳴館遺稿」より。
(2) 上杉鷹山書状（国宝「上杉家文書」から抜粋）。
(3) 62頁「五倫五常《ごりんごじょう》」参照。

汗を流して働くことから学ぶ

流汗悟道

（りゅうかんごどう）

汗を流して働けば、親の苦労や他人の苦労がわかるという意味。

有《あ》り難《かた》いこと

北海道家庭学校のある北海道紋別郡遠軽町《もんべつぐんえんがるちょう》留岡《とめおか》は、日本の社会福祉の先駆者の1人である創設者・留岡幸《とめおかこう》助《すけ》（1864~1934）の名残《なごり》をもつ地名となっている。京都神学校（現・同志社大学）を卒業した留岡は、北海道空知《そらち》監獄《かんごく》の教誨師《きょうかいし》の職に赴《おもむ》いた。

獄舎の囚人と接するうち、犯罪者の多くが少年期に罪を犯していることを知った。

数年後、アメリカの感化監獄へ3年間にわたって留学。

帰国後、犯罪抑制のためには少年教育の必要があるとして、自然のなかで農作業等の労働体験を通じて感化事業を行うという構想を実現するため、旧内務省から1千町歩《ちょうぶ》（約1千ヘクタール）もの広大な国有地の払い下げを受けて、1914（大正3）年に教護院《きょうごいん》（現・児童自立支援施設）を設立。それが、同校である。

「人が人に与える影響以上に、自然が人に与える影響は大きい」との留岡の理念を伝えるため、「難有」と書かれた文字が講堂に掲げられている。

〝難〟には、困難や難問などの難しいこと、災難や盗難などの災いも有るから、〝難《なん》〟が有ると読むのだろうか。いや、違う。「有り難い」のである。難しいことや災いに出遭うのは、人として〝有り難い〟ことなのだと。

親（人や社会）に頼っているうちは、子ども（住民）の不平・不満は募るもの。

子どもの頃は、思い通りにならないことを親に八つ当たりすれば良かった。

頼ってばかりの子どもの頃と、子どもから頼られるようになった親の時とでは、ものの見方や考え方も変わる。

そんな当たり前とも思える家庭（地域社会）の出来事に昨今、疑問を投げかけたくなるような痛ましい事件が相次ぐ。

汗馬《かんば》の労あり、悍馬《かんば》の苦労あり

東日本大震災が起きる1か月前の2011年2月18日、東京・中野ZERO大ホールにて「大地の詩・留岡幸助物語」の先行特別プレミアム試写会を見る機会を得ることができた。

「学校に行ったからと言って英雄豪傑ができるわけではありません。君子になるか盗賊になるかは、家庭の空気の陶冶《とうや》によるのです。それなのに今の家庭は下宿屋に過ぎません」

「教えんとするものは、自ら教えられなければならぬ」

「教育上一番大切なのは、家庭である。次に大切なのは学校と社会である。人の子を教育する最も適当な場所は、地球上のどこか？　オックスフォードか、ハーバードか、エールか、ベルリンか？　人間を良くする基本は家庭にある」

「教養のある慈母が、子どもの教育者としては一番。無教養なる慈母でも、学校の先生より上なり」

「わが国の教育は情味がたらぬ。情味がたらぬということは、いろいろな悪結果を生む。学校さえやれば子どもは良くなると思っている親。学校が二分で、家庭が八分なのだ」

と、「留岡幸助語録」を用いた映画の台詞は、今にもつながる言葉ばかりである。

なかでも留岡の考え方を端的に表した「流汗悟道」は、ひたすら無心に汗をかく馬は労われ、汗を嫌がる馬は苦労が絶えないことを表した「汗馬の労あり、悍馬の苦労あり」に一脈通じるものがある。

自ら進む道を悟るためには、心を無にして汗を流すことを心がけたい。

晩年、至誠と実践を重んじた留岡は、二宮尊徳《そんとく》を尊崇していたという。

身近なことから学ぶ

下学上達
（かがくじょうたつ）

日常の身近なところから学んで、次第に深遠な学問に進んでいくこと。

「介護の質」は「人の質」

頭や顔を覆う布製の被《かぶ》り物の頭巾《ずきん》を引き合いに出した「頭巾と見せて頬《ほお》かぶり」というたとえがある。

その意味は、見かけは立派でも、実際はそうではないこと。また、内容が見かけに伴わず、お粗末であるということ。

時代劇などで頭巾を被る役を演じるのは、自らの身分の高さを相手に悟られないよう、お殿さまやお姫さまが使う場面もあれば、泥棒の頬かぶりもある。

「介護の質」は、介護に携わる「人の質」であることはいうまでもない。

「介護の質」を高めるという専門（=上積み）研修に目を奪われすぎて、肝心な「人の質」を育むための基礎（=下積み）研修を疎《おろそ》かにしてはいないだろうか。

下積みとは本来、船舶《せんぱく》の重心を下げて安定よくするために船底に積む重い貨物（底荷、バラスト）などの積載の仕方のことをいう。また、船舶の甲板《かんぱん》に積んだ荷物のことを上積みという。

もとの状態、つまり正常な位置からの変位に際して、もとの位置に戻そうとする力、復原力が船舶には備わっている。しかし、下積みの積載をなおざりにしたまま、上積みを積み上げてしまった船舶はバランスを欠いて、時化《しけ》でもないのに重心を失って転覆してしまうことにつながる。コンテナを積んだトレーラーが走行中に横転する事故も同じ。

人の場合は、どうであろう。

下積みは、人格や生活感覚を育む学（習）歴のこと。上積みは、（専門、特殊）資格、（役職など）肩書きを伸ばす学（校）歴のこと。

上積みがしっかりしている人は、それを支えるための下積みができている。下積みには、人に才能や能力が認められない、目につくような活躍ができない、人に使われて出世ができないなど、良いイメージが伴わないという苦い経験が語られることも少なくない。

だが、「七転《ななころ》び八起《やお》き」のたとえをひもとくまでもなく、つまずいても起き上がることのできる復原力、それを養うのは「人の質」を育むための基礎（＝下積み）研修にある。

昨今は、上積みに当たる頭巾が立派すぎる一方、それを支える下積みが全くなっていないという〝頭でっかち〟な人も珍しくない。バランスを欠かないようにするためにも重心を移動させ、腹を据えて取りかかることができるように育てなければならない。

生活から学ぶ姿勢

手近なところから学び始めて、次第に進歩向上してゆくことを「下学上達」といい、その出自は『論語（憲問14）』にある。

「下学」は、初歩的で卑近なことを学ぶこと。

「上達」は、高遠な道理に通じること。

ふだんの日常生活のなかから学ばざるをえないのは、日々発生している問題についての「課題解決」といってよいだろう。

ところが、「いつも同じ人が問題を起こす傾向が高い」とか、「問題に気づかない人への対策」といったことばかりに目が注がれがちとなって、「経験の度合いによって課題解決思考も異なる」ことに疎くなってはいないだろうか。もっとも理解しなければならないことは、新人と経験者との間に生じる課題認識のズレである。

まずは、「下学」の「下積み」を徹底すること。

「上達」と「上積み」は、その次である。

「上達」を競うのではなく、「下学」を養うこと。

介護人財は、「下学上達」を自らの胸に毅然《きぜん》と刻めることのできる人でありたい。

あきらめずに学び続ける

躬行心得（きゅうこうしんとく）

実践することによって理解を深めること。

大切なのはあきらめないこと

知識とは、ただ蓄《たくわ》えるばかりではなく、きちんと納得できるまで考え、実際の活動に生かす方法なども視野に入れて、初めて自分のものになるのだという意味の「学びて思わざれば則《すなわ》ちくらし　思うて学ばざれば則ち殆《あや》うし」という言葉が『論語（為政2）』にある。

今ある知識の範囲でしか考えをめぐらすことができないようであれば、進歩などありえない。

知識は、それが本当に自分のものとなるまで考え抜くことが大事であり、知的活動の両輪として、知識と思索は欠かせない。

何事も広く学んで知識を広め、詳しく綿密に質問し、慎重にわが身について考え、明確に分析して判断し、ていねいに行き届いた実行をすれば良いとはわかっていても、「学ぶのが苦手」とか、「難しいからお手上げ」という人もいる。

そのような人には、『中庸《ちゅうよう》』に記された次の言葉を贈りたい。

1　まだ学んでいないことがあれば、それを学んで十分になるまで決して諦めないこと。

2　まだ質問していないことがあれば、それを問いただしてよく理解するまで決して諦めないこと。

3　まだよく考えていないことがあれば、それを思索して納得するまで決して諦めないこと。

4　まだ分析していないことがあれば、それを分析して明確になるまで決して諦めないこと。

5　まだ実行していないことがあれば、それを実行して十分に行き届くまで決して諦めないこと。

6　他人が一つの力でできるとしたら、自分はそれに百倍の力を注ぎ、他人が十の力でできるとしたら、自分は千の力を出す。

7　このようなことができたとしたなら、愚かな者でも必ず賢明となり、軟弱な者でも必ずしっかりした強者となるであろう。

もっとも大事な学びは、〝決して諦めない〟ということである。

教育、共育、協育、強育

学ぶこと、質問すること、考えること、分析すること、実行すること、この1つひとつを生かすには、教育の取り組み自体とその環境づくりのために欠かせない知恵の汗をかくことである。

たとえば、スタッフ教育だが、耳から入る〝きょういく〟の発音が、教育という漢字でしか理解できない限り、教える側（先生）と教わる側（生徒）の従来からの関係に「教学相長＝教学相長《きょうがくあいちょう》ず」(1)の入り込む隙《すき》間《ま》など微塵《みじん》もなかろう。

教育が、共育、協育、強育と、同音異語へと語彙《ごい》が増えれば、その分だけ概念も解釈も広がるのだという創意工夫を講じたい。

①教育（教え育む）場
②共育（共に育む）場
③協育（協力して育む）場
④強育（強く育む）場

という4つの視点からスタッフの養成を率先垂範《そっせんすいはん》し(2)ていくことができるリーダーこそ、次代を担う真の介護人財と考える。

会議や研修等で「わかりました」との返答を求めがちなリーダーがいたとしたら、分かったのか、解ったのか、判ったのか、との確認を怠ってはなるまい。

自らの実践によって心に会得した者を「躬行心得」の人と、『大学』では称えている。

（1）134頁参照。
（2）76頁「鞠躬尽力《きっきゅうじんりょく》」参照。

画餅充飢
（がべいじゅうき）

名のみで実がないこと、または空想によって自らを慰《なぐさ》めることを意味する。

絵に描いた餅

「画餅」は、〝絵に描いた餅〟、すなわち実際の役に立たないもののこと。

「画餅に帰す」とは、計画が失敗してむだ骨折りに終わること。

中国・唐代の詩人白居易《はっきょい》（白楽天《はくらくてん》）は、「絵に描いた餅《もち》では飢えを救うことはできない」と詠っている。

〝絵に描いた餅〟とは、『三国志』（晋・陳壽《ちんじゅ》著）の「魏書《ぎしょ》」に記された「画餅充飢」の故事に由来する。

魏の文帝（曹操《そうそう》の子・曹丕《そうひ》）が即位した際、高級官僚を抜擢しなければならず、名声の高い2人が選ばれようとしていた。

ところが、文帝は自ら、「人を抜擢するときは、名声で選ぶな。名声は地面に餅の絵を書くのと同じで、その餅は食べられぬのだ」といって、2人の抜擢を退けた。

ここから、名のみで実がないこと、また、〝絵に描いた餅〟で飢えをしのごうとするように、空想に逃避して自らを慰めたり、現実の苦しみを忘れようとする自己満足のことを「画餅充飢」というようになった。

また、〝絵に描いた餅では、飢えを充たすことはできない〟という意味をもつ「画餅不充飢」もある。

問われる〝日常茶飯〟力

２００９年４月10日、「『経済危機対策』に関する政府・与党会議、経済対策閣僚会議合同会議」において取りまとめられた「経済危機対策」のうち、「介護分野における経済危機対策について」が取りまとめられた。前後して、厚生労働省は7日、新経済対策として、介護職員の賃金を1人（常勤換算）当たり月額1万5000円引き上げるため、事業者に人件費として3年間で総額4000億円を交付するとした。「介護職員処遇改善交付金」は申請を受けて事業者に支給されるが、申請率は全国平均で80％（同年12月末）であった。

自治体の準備が必要なため、10月実施の予定という交付金を受けるには、①職員の賃金アップのための処遇改善計画を作成し、職員に示す、②2010年度以降は、キャリアアップの研修計画を加える、ことが条件だった。

この一例こそ、「画餅充飢」であるとともに「画餅不充飢」でもあったと言わざるをえない。

日常的なごくありふれた事柄のことを〝日常茶飯〟というが、本来の意味は毎日の食事のことである。

日常生活上の世話として調理、洗濯、掃除等の家事を土台に、入浴、排せつ、食事等に必要な介護技術を積み重ねて得たものがホームヘルパー資格であり、主婦層を主戦力としてきた従来のホームヘルパーは、わが家の〝日常茶飯〟に力を注いできた主婦としての経験があったからこそ介護現場の戦力になれた。

しかし、近年、入浴後のお風呂掃除、トイレ掃除、食事の準備や調理、後片付け、洗濯など、どれ1つをとっても自宅で手伝った経験が乏しいという若年の介護職も珍しくないことから、新人職員に対しては、生活援助に関する研修に力を入れざるをえないという事業者が増えている。

たとえば、柔軟剤や漂白剤などの使い方を誤った洗濯をしたことから、大切な利用者の衣服を台無しにしてしまったという失敗談は珍しくない。

〝その人の暮らしを支える〟ために描いた介護力の向上が、〝絵に描いた餅〟になってはいないだろうか。

その場を〝絵に描いた餅〟を見せることで飢えをしのぐことはできるが、その場限りを繰り返すようであってはいけない。

当局の施策を「画餅に過ぎない！」と嘲笑うのは容易いことだが、トップのなかにも〝絵に描いた餅〟を得意がる人は少なくない。

〝その人の暮らしを支える〟ためには、〝その人が食える餅〟を用意することに尽きる。

当たり前だからすばらしい

眼横鼻直

（がんのうびちょく）

当たり前のこと

鎌倉時代初期の禅僧《ぜんそう》で曹洞宗《そうとうしゅう》の開祖・道元《どうげん》は、24歳の時、中国・南宋に渡って天童山《てんどうさん》の如浄《にょじょう》禅師のもとで修行して悟ったこと、それが「眼横鼻直」である。

禅寺では、米を研《と》ぎごはんを炊《た》き、おかずをつくるといった食事などを調《ととの》えて供する賄《まかな》い事《ごと》を司《つかさど》る役僧《やくそう》を〝典座《てんぞ》〟といって、大事な修行の1つと位置づけている。

賄い事は、日常の食事という意を含んだ〝日常茶飯〟に込められたありふれた事柄の1つひとつの繰り返しにすぎず、誰にでもできそうだと見られがちな雑用だけに手を抜くことなく、やり続けることに修行としての意味がある。

介護も同じだ。典座の役割を担った職員は、決して少なくない。

眼は横に鼻は縦にあるように当たり前のことを当たり前として知ること、とらえること、〝あるがままの姿勢〟を大切にすること。当たり前のことを当たり前の事実としてとらえ、すべて肯定するという意がある。

誰かがやらねばならぬ賄い事も電子レンジがあればこと足りるという昨今の家庭環境にあっては、介護現場で包丁が使えないという人も決して珍しくはなくなった。

複数事業所連携事業で、包丁が苦手という職員が柿の皮むきを実践的に学ぶことができるよう干し柿づくりを提案したところ、多くの実践報告を得ることができた。

干し柿をつくる手間を大事にするか否かは、トップの考え方にある。

当たり前を崩さないこと

二宮尊徳の道歌（教訓的な和歌）のなかにも、「眼横鼻直」に通じる一首がある。

米まけば、米草はえて米の花
咲きつつ　米の実る世の中

これは、稲の種をまけば稲の草を生じ、稲の花を開き、稲の実を結ぶという当たり前のことを詠《よ》んだものだが、ある原因はそれなりの結果を生じるという道理を説いたものでもある。

麦まけば、麦草はえて麦の花
咲きつつ　麦の実る世の中
稗《ひえ》まけば、稗草はえて稗の花
咲きつつ　稗の実る世の中
粟《あわ》まけば、粟草はえて粟の花
咲きつつ　粟の実る世の中
豆まけば、豆草はえて豆の花
咲きつつ　豆の実る世の中
椎まけば、椎草はえて椎の花
咲きつつ　椎の実る世の中
樫まけば、樫草はえて樫の花
咲きつつ　樫の実る世の中
欅《けやき》まけば、欅草はえて欅の花
咲きつつ　欅の実る世の中

などなど、100種類も続いて最後は、

この歌をおかしく思う人あらば
米の実まきて麦にしてみよ

と締めくくられている。

つまり、当たり前のことを当たり前に実行して、当たり前を崩さないこと。それが大切なことであると。

善まけば、善草はえて善の花
咲きつつ　善の実る世の中
悪まけば、悪草はえて悪の花
咲きつつ　悪の実る世の中

〝汚い〟〝キツイ〟〝危険〟の3Kと介護の仕事をとらえるか、それとも〝希望〟〝工夫〟〝感動〟へと置き換えているのだろうか。

トップの考え方次第で、介護人財の育成も大きく変わる。

家常茶飯

（かじょうさはん）

家庭における平素の食事。転じて、当たり前のこと、ありふれたことを家常茶飯（または日常茶飯）という。家常とは、平生のならわしや日常のありきたりのこと。

勘弁して！

○○○さん[1]　これがホームの昼食？
イタリアンスパ　ロールパン　わかめスープ
80歳以上しかいないホームで
このメニューは止めて！
白和え、煮物で、お願いします。
前日はコロッケでしたよね。
焼き魚などで、お願いします。

……と、写真付で記されたブログに目が留まった。

実母を入居させているグループホームを〝○○○さん〟と、わざわざ実名を添えてである。

ご家族は、さぞや腹に据えかねたのであろう。管理者が交代した途端、食事の献立が変わったのは、今年に入ってからのようだ。

久々の訪問で目が釘づけになった食事の内容が、それだった。

〝勘弁して〟には、他人の過失や要求などを許してやることに加え、物事の理非善悪をよく考えること、考えわきまえること、熟考するという意味がある。

「今度だけは勘弁してください」「今度だけは勘弁してやる」

と、すめばよいのだが……。

1人ひとりの描く〝家庭的な雰囲気〟に意識の隔《へだ》たりがあったとして、家でお風呂掃除や洗濯、料理をしない人がホームで家事が行えるだろうか。

介護に家事力は不可避。専門性を積み上げていく前に、利用者にとっての当たり前の暮らし方を大事にしたい。

腹立てば、腹立ち事が……

喜び、怒り、悲しみ、楽しみなど、人間の感情の〝喜怒哀楽〟(2)を巧みに表した詩がある。

喜べば、喜（慶《よろこ》）び事が、喜（歓《よろこ》）んで、
　喜（欣《よろこ》）び連れて、喜（悦《よろこ》）びに来る。
腹立て（怒）ば、腹立ち事が、腹立てて、
　腹立ち連れて、腹立てに来る。
悲しめ（哀）ば、悲しみ事が、悲しんで、
　悲しみ連れて、悲しみに来る。
楽しめば、楽しみ事が、楽しんで、
　楽しみ連れて、楽しみに来る。

介護サービスを利用するには、介護や日常生活上の支援が必要であると認定を受けることを前提としているものの、それをとりまく社会の環境は、少子高齢化の進行（①支え手となる年齢層の減少と高齢者の増加、②65歳以上の単独世代の増加、③認知症高齢者の増加）をふまえ、ペイ・アズ・ユー・ゴー原則に従った利用者の自己負担の引き上げは避けられない。

社会保障の定義の転換と位置づけた原則だが、どのように時代が変わろうとも豊かな暮らしを求めるのは人の常(3)。

東日本大震災で被災され今も避難所生活を続けておられる方々にとっては、「何を贅沢《ぜいたく》な！」と戯言《ざれごと》のように感じる人もいるだろう。

家常茶飯の最適化を科学することは、尋常一様ではすまされず、柔軟性は避けられない。

葦《あし》と書いても、ヨシと読む
勝手に決めるな、人の善《よ》し悪《あ》し
心の鬼が身を責める
心合わざれば　肝胆《かんたん》も楚越《そえつ》の如し

（1）「○○○さん」は、ブログでは実名入りだが、ここでは伏せた。
（2）176頁参照。
（3）18頁「知常曰明《じょうをしるをめいという》」参照。

常に備えを怠らない

集団浅慮

（しゅうだんせんりょ）

米国の社会心理学者アービング・L・ジャニスが提唱。「集団」で考えた結果、よけい浅はかな決定がなされる「集団思考」がもたらす現象のこと。グループシンク（groupthink）。

消火器の栓を抜いた経験者４割

「消火器の栓《せん》を抜いて火を消したことのある方、挙手にご協力ください」

２００６年1月８日午前２時20分頃、長崎県大村市内の認知症高齢者グループホームの出火によって７人の死者を出した火災事故から約３か月の間、セミナーや研修会などで登壇する機会がある度に受講者の方々に対して執拗《しつよう》に投げかけた問いがこれだ。累計《るいけい》でざっと４０００人（北海道から鹿児島まで35会場）の協力をいただき、約１６００人の方々から挙手を得た。

４００人を上回る経営者、施設長、管理者、責任者という立場の受講者が集まった会場では約7割を超えたが、これは異例中の異例。多くの場合、３割にも満たなかった。

消火器の栓を抜いた経験者が４割でしかないという見方も欠かせない。

火災でもっとも大事なことは、避難誘導よりも初期消火。消防計画、火災予防管理、災害時活動対策、通報要領、避難経路図などを含めた消防計画書の作成にとどまらず、火の勢いを食い止めるためになすべき心構えを怠《おこた》らないことだ。

「バケツに一杯の砂を準備する」など、暮らしに潜《ひそ》むしたたかな先人の知恵を受け継ぎ損ねてはなるまい。

とはいえ、「計画作成担当者の要件が整わない」「医療連携体制加算が取れない」「夜勤体制が組めない」など、介護保険制度改正に乗り切れないグループホームは、防火対策の義務化によって一段と経営が難しい局面に追い込まれることは避けられない。

遠水は近火を救わず

多数の死者を出す大火災など、災害によって社会的に大きなストレスがかかることが予見される場合、指導監督上責任ある立場の集団によって結束された絶対的な意見（「命令に従え、同調せよ！」）は、法制的な圧力が加わり、客観的に正しく状況を判断することが難しくなってしまうことがある。たとえは異なるが、1987年11月18日にロンドン地下鉄キングズクロス駅で起きた火災で31名が死亡した事故の原因がタバコかマッチの火の不始末であったということを受けて、1988年1月1日から日本の地下鉄駅構内での終日全面禁煙が実施されたこともある。

「集団浅慮」とは、簡単にいえば「無意識の思い込み」のこと。

「自分たちは優秀だ」という強い自信のある人たちほど〝自己過信〟〝自信過剰〟に陥りやすく、そのような人たちが集まると、その団結感ゆえに間違った決定を下すことが、時としてあるというのだ。いくら優秀な個人を集めても、その集団が強く団結しすぎていると、内向きで親密な議論が展開される傾向に陥り、次第に外部の声に耳を傾ける力が鈍ってくる。

その結果、「集団過剰評価」「閉鎖的な発想法」「仲間意識の圧力の存在」に導かれた合意形成を総意とした結論を安易に導き出すことになる。

人が陥りやすい思考の罠《わな》に毅然と立ち向う知恵は時に大事なこと。厚生労働省と総務省消防庁は、「相惜顔面」は「面従背信」に通じるという教訓を胸に刻むことである。[1]また、介護事業者は「備えあれば患《うれ》いなし」の用意を準備すべきである。

中国の古典『韓非子《かんぴし》』には、「遠水《えんすい》は近火《きんか》を救わず」とある。

「遠い親戚より近くの他人」というたとえがわかりやすい。「急場」には「近場」が大事であるということ。

「地域」という言葉が意味深に響いていると感じるのは、私だけだろうか。

（1）84頁「相惜顔面《あいせきがんめん》」参照。

有事斬然
（ゆうじざんぜん）

大事があった時は、素早く動いて対処すること。

悲劇を繰り返さぬために

有事斬然ができない人は、事故や災害等が起こった時に呆気《あっけ》に取られて呆然《ぼうぜん》と立ちすくんでしてしまうことになる。

２０１０年３月13日未明、北海道札幌市のグループホームで起きた火災によって入居者の男女７人の命が奪われた。長崎県大村市のグループホーム火災の大惨事から４年。[1]この間、神奈川県綾瀬《あやせ》市の知的障害者グループホーム、群馬県渋川《しぶかわ》市の高齢者施設などで大火災が相次ぎ、多くの命を失った。

消防庁では「認知症高齢者グループホーム等における防火安全対策検討会」をふまえ、２００９年４月施行の改正消防法施行令でスプリンクラーの設置が「延べ面積１０００㎡以上」から「同２７５㎡以上」に義務が拡大されたものの、札幌市の火災は基準を下回る２５０㎡で対象外だった。

介護施設の防火体制をめぐっては、施設の火災で多数の犠牲者《ぎせいしゃ》を出す度に法改正が行われた歴史がある。対象面積を撤廃してすべての施設に設置費を助成すればことが足りるのか、夜勤者の増員を見越した介護報酬《ほうしゅう》の見直しをすればすまされるのか。

いずれにせよ、〝有事呆然〟を繰り返してはならない。

「六然《りくぜん》」とは

自分自身を律するには、物事にこだわらず、平然としているのがよい。これを自処超然《じしょちょうぜん》（自ら処すること超然）という。

これができない人は、憤然たる面持ちで席を蹴《け》ってしまうようなことをやってしまう。

人に対してはなごやかに、のびのび感じさせ心地良く楽しませるのがよい。これを處人藹然《しょじんあいぜん》（人に処すること藹然）という。

これができない人は、冷ややかで思いやりのない冷然とした態度をとってしまう。

ことがない時は、水のように澄んだ気持ちでありたい。これを無事澄然《ちょうぜん》（無事には澄然）という。

これができない人は、漫然として取り留めのないしまりのないさまを露呈してしまう。

得意な時こそ、奢《おご》らずに淡々としていたい。これを得意澹然《たんぜん》（得意には澹然）という。

これができない人は、傲然《ごうぜん》と肩をそびやかして驕《おご》り高ぶるような態度をとってしまう。

失意の時ほど、ゆったりとして堂々としていなければならない。

これを失意泰然《たいぜん》（失意には泰然）という。

これができない人は、元気なく悄然《しょうぜん》と肩を落としてものさびしい態度をとってしまう。

有事斬然を含めた6つの然を「六然」として中国・明の時代の崔銑《さいせん》が説いた格言で、勝海舟、安岡正篤《まさあつ》の座右《ざゆう》の銘として知られる。

「然」には、そのとおり、そのままという意味があり、唖然、憮然、騒然、漠然など、状態を表す語をつくる助字の働きがある。

1　斬然となれるか、呆然か。
2　超然となれるか、憤然か。
3　藹然となれるか、冷然か。
4　澄然となれるか、漫然か。
5　澹然となれるか、傲然か。
6　泰然となれるか、悄然か。

問題の如何《いかん》を問わず、どのような「然」を示せるか。人の学びは、尽きることがない。

（1）154頁「集団浅慮」参照。

コラム

東日本大震災から

●安きに居《お》りて危うきを思う

東日本大震災は、「(発生地域では)マグニチュード9の地震などこない!」とのパラダイム(思考の枠組み)を見事に崩壊させた。

歴史を遡れば、平安時代の清和、陽成、光孝天皇の三代、858(天安2)年から887(仁和3)年までの30年を編纂《へんさん》した『三代実録』には、869(貞観10)年の貞観地震・津波によって、東北から関東に至る太平洋沿岸に多大な被害がもたらされたことが記されており、識者の間で知られていた。東日本大震災が「千年に一度の大地震」といわれるのは、この地震を引き合いに出すからである。

ところが、駿府在城時代の徳川家康の晩年、1611(慶長16)~1615(元和之)年を記した『駿府記』には、伊達政宗の使者によって東北地方を襲った巨大地震・津波によって5000人の溺死者が出たと報告されたことが記されている。

加えて、1896(明治29)年の明治三陸沖地震では、震度こそ大きくなかったものの、遡上高38・2mという記録的な津波によって2万数千人もの命を失われた。

最悪の事態に陥ったときに備えて「居安思危《きょあんしき》=安きに居りて危うきを思う」と、処世態度の心構えが中国古典の『左伝』『貞観政要』『菜根譚』には説かれているものの、「安きに居りて危うきを忘れ」てしまいがちになる人は少なくない。

〝天災は忘れたころにやってくる〟

●想定外とは……

2011年3月26日付朝日新聞の「小さな介護施設〝支援の手〟を・相馬市」との見出しをWEB上で目にしたのは、翌27日のこと。

前年、複数事業所連携事業で訪問したことのあるグループホームだった。

真冬並みの寒さのなか、灯油不足で使えるストーブは1台だけ。福島原発から40㎞も離れているが、放射能に対する不安からエアコンは使っていない。

被災しなかったため食料も物資も届きにくく、米は近所や家族から譲ってもらうなどで12日間をしのぎ、3食分のおにぎりを市から用意してもらえたのは23日から。だが、他の物資は「避難所の分しかない。開いたお店を探して買ってほしい」と断られ、介護に必要なオムツなどの物資を求め、スーパーの長蛇の列に並んだ、といったことが書かれていた。

津波で1人の職員を失ったことを悼む暇もなく、昼夜をおかず頻発する余震。

「入居者を不安にさせることなく気丈に振る舞う職員たちも被災者であり、心身ともに疲労が蓄積しているものの、誰1人逃げ出さずにいるので何としても皆を守りたい」と、3月に入って管理者になったばかりのAさんの訴えが心に刺さった。

〝野菜が欲しい〟との求めに応えるとともに、ブログを通してこの状況を「SOSです！　誰か助けてくれる人はいませんか？」と発信したところ、1週間で30件を超す支援物資が全国各地から届けられた。

〝想定外〟とは、本来このような時にこそ用いるべき言葉なのではないだろうか。

●驚天動地の大震災

東日本大震災は、社会的資源を瞬時に奪い去ってなお、終息なき福島原発事故と放射性物質処理問題など、復旧・復興の道のりは険しい。

被災地の1つ、福島県相馬市は、江戸時代の天明年間（1781～1789）と天保年間（1830～1843）の2度の大凶作から、人口が3分の1にまで落ち込むという壊滅的な被害を受けた過去がある。

当地を治めていた相馬中村藩の財政も窮状を極め、これを打開するため二宮尊徳の指導を仰いで「二宮仕法」を導入した。

単なる農村改良ではなく、広い世界観と人生観のなかから生まれた徳をもって徳に報いる「報徳」という指導理念から、「至誠」「分度」「勤労」「推譲」の4つの徳目を実行することを柱としていた。

この仕法を実施したところは、福島県、栃木県、茨城県、神奈川県など６００か所を超えたが、理想的に行われた相馬藩を称え「相馬仕法」とも呼ばれている。

成功した背景には、疲弊した藩が総力をあげた人材育成から、藩主の師・慈隆の下、次代を担った藩主・相馬充胤《みちたね》とその家臣団が愛郷心に燃え、心を合わせて和の精神で30年の長きにわたって全力を注ぎ続けたからにほかならない。

壊滅から１００年、仕法が完成したとき、元号は明治へ。

「報徳の訓えに心をはげまし、うまずたゆまず豊かな相馬をきずこう」と、市民憲章にも記された歴史をもつ地域である。

●小を積んで大と為す

尊徳ゆかりの市町村が集って研鑽《さん》を重ねる報徳サミットがある。

２０１０年10月23日の第16回全国大会は相馬市で開かれ、「報徳仕法の訓えを生かして、未来につながる・まちづくり・ひとづくり」をテーマに掲げて、１道６県から18市町村が会した。

参加市町村の神奈川県小田原市（二宮尊徳の出生地）は、被災地支援として、報徳サミットで交流の深い相馬市、南相馬市等に対して、小田原アリーナ他１０００人以上の避難生活者を受け入れる準備があることを伝え、現地の状況次第で対応ができるように準備を行っていることを伝えた。

１９８６年８月の台風10号で70％の家屋が河川の決壊から水没した栃木県茂木町は、水害支援をしてくれた尊徳ゆかりの相馬市への恩返しをしたいと、「救援物資受付所」が町民センターにいち早く開設し、多くのボランティアによって支援物資が数度にわたって輸送されたという。

尊徳の教訓の１つに「積小為大（小を積んで大と為す）」がある。

前代未聞の事象だからこそ、うまずたゆまず「積小為大」であると、未来を拓く人財育成に努めることを忘れてはなるまい。

Ⅳ 経営編

変わらないものを問い直す

不易流行
（ふえきりゅうこう）

変わることのない不変の真理のなかに、変わるもの、あるいは変わらなければならないものを取り入れること。

変わるものと変わらないもの

2000年に介護保険法が施行されて以来、2006年、2012年、大幅な改正が行われている。人口減少かつ超高齢社会へと劇的に移行する時代を背景に介護事業者が置かれる社会状況とこれをとりまく諸施策は、今後も一段と目まぐるしく変化し続けることになるであろう。

「不易を知らざれば、基立ちがたく、流行を知らざれば、風新《あら》たならず」とは、俳諧《はいかい》で説かれる「不易流行」の概念（俳句の作法の原則）である。

奥の細道の旅を通して体得した松尾芭蕉《ばしょう》の俳諧の精神＝概念とは、「不変の真理を知らなければ、基礎が確立せず、変化を知らなければ、新たな進展がない」ということであり、「その本は一つなり」、すなわち、「両者の根本は一つ」であるという解釈は、いかなる分野においても激動の時代を生き抜くうえで重要な考え方である。

「不易」は変わらないこと、すなわち、どんなに世のなかが変化し状況が変わっても絶対に変わらないもの、変えてはいけないものということで、「不変の真理」を意味する。

逆に「流行」は変えるもの、社会状況や私たちをとりまくあらゆる環境の変化によってどんどん変わっていくもの、あるいは変えていかなければならないもののこと。

「不易流行」を介護保険制度の改正に読み替えて、主宰塾で問いかけたところ、次のような反応が受講者から戻ってきたので紹介したい。

基本を問い直すこと

「私の業務のうえでも制度の改正は影響してくる。しかしいくら制度が変わっても、製品は決して変えない。失禁に悩む方々が、可能な限りトイレで排せつできるように、より良いケアを受けられるように、この信念も変えない。オムツは最終手段。オムツに頼らざるをえない方には、精神的（羞恥心《しゅうち》・臭い）にも身体的（皮膚）にも〝尊厳〟を重視したケアを行うこと。これらは変えてはならない。そして〝良い製品、良いサービス〟それをお伝えする自分の〝笑顔〟は変えない。変わらないように極力努力する。しかし、言うは易し、行うは難し。熟慮断行するためには、甘い自分自身を、がんばることを継続できる強い自分に変えなくてはできない。変容する。つまり、世の中の変化に適応できるように自分自身をより強く柔軟に変え続けていきたい」

介護サービスに欠かせない排せつ、入浴、食事、認知症などのケアの基本を「不易」とすれば、制度改正に伴って始まるサービスメニューを「流行」と位置づけることができる。

介護事業者は、旧介護保険法の間に培った「不易」をふまえ、介護保険法が改正される度に増えていく新たな「流行」へも挑戦していかなければならない。

今一度、わが法人の「不易」を徹底する意味から、基本を問い質すことも肝要ではなかろうか。

ワークショップのテーマとして、現場に問いかけてみるのもよい。

目先の介護報酬の増減にのみとらわれ、短絡的に有益なものだけを追い求めるのではなく、「不易」と「流行」の意図するところを組織全体に徹底することが継続して栄える経営の仕組みづくりには欠かせないと考える。

目先の利益にふりまわされない

長慮却顧

（ちょうりょきゃっこ）

新たなことに取り組む時は、将来を考えるのはもちろんだが、過去の実績も考慮して取り組むことが必要であるという意味。

長期的な視野・大局的な判断

中学に入って間もなくした頃、「今からでも遅くない、小学校の算数を基礎からやってみるように」と数学の教師にアドバイスを受けた人もいるだろう。

介護サービスの「不易《ふえき》」に当たる、①排せつ、②入浴、③食事、④認知症ケアは、2000年に介護サービスがスタートしてからの6年間は小学校の基礎課程。これを縦糸として、2006年以降、中学、高校、大学へと3年ごとに新たなサービスの彩を横糸に絡ませることで、その人が要介護状態となっても尊厳ある自立を支える仕組みの輪郭を形成していくようになる。

事業者は義務教育の仕上げ期間として、介護福祉士の配置を前提に「不易」と「流行」を二人三脚で両立させた事業経営が求められてきた。

とはいえ、「流行（＝加算）」のみに着目しすぎるのは危険きわまりない。たとえば、いす、便器、浴槽《よくそう》などで座る、立つ、座位を保つなどの工夫や改善は大きく進歩したものの、運動器の工夫や改善は着手されていない状態のため、利用者が転倒する危険に晒《さら》されている。

多くの事業所では、スタッフの人員配置を厚めにする程度で、安全柵や補助具の設置などの工夫がなかなか見当たらないのが現状だ。

健やかに生活を送るための自立支援として彩られるはずの「流行」だが、検討を加える余地が多分にある。

「速《すみ》やかなるを欲するなかれ。小利《しょうり》を見るなかれ。速やかならんと欲すれば、則《すなわ》ち達せず。小利を見れば、則ち大事成らず」と『論語（子路13）』にはある。

「速やかなるを欲するなかれ」は、「長期的な視野をもて」ということ。

「小利を見るなかれ」は、「大局的な判断をせよ」ということ。

あせらず、あわてず、目先の加算（小さな利益）に惑《まど》わされ、振り回されれば、尊厳ある自立を支えるという本来の目的が落ちこぼれてしまう。これでは、2025年の超高齢社会に向けて大事を成すことなどとてもできるはずなどない。

弊《へい》を革《あら》むるには大いに驟《すみや》かなるなかれ

「オムツが不要に」「排せつができるように」「トイレに行けるように」などの排せつケアの実践は、定着しているだろうか。

「不易」ができぬまま、口腔機能維持管理加算を導入することが「小利を見る」ことにはならないか。

排せつに不安をもった利用者が、口腔ケアを施されたとしても食事は楽しいだろうか。

目先の報酬のみに囚われてはいけない。

快食と快眠の状態から健やかさの状況を把握する多面的なアセスメントを継続してゆくためにも、排せつの量などを統一した表記で記録にするとともに、介護スタッフ全員がその人の情報を共有化することで、無理なく現場でモニタリングが実行できる。立ち話でも工夫次第でカンファレンスにつながる多職種の協働（協同）が発揮できる組織体へと変わるためには、まずスタッフの意識改革が求められる。

安易な「流行」の取り入れは、不協和音が絶え間なく響きわたりチームワークに亀裂が生じかねない。

中国の古典『呻吟語《しんぎんご》（治道篇）』(1)には、「利を興すには太《はなは》だ急なるなかれ。左視右盼《さしうべん》せんことを要す。弊を革むるには大いに驟かなるなかれ。長慮却顧せんことを要す」とある。

新しい事を興す時、あわててはならない。前後左右をよく確かめてかかること。弊害を改める時は、急ぎすぎてはダメ。

将来に思いをはせつつ、過去の成果の本末をよくわきまえること。

呻吟のなかから、経営（継栄）のツボを見極めたいものである。

（1）「呻吟」の意は、うめくこと、苦しみ唸ること。

競い合っていてもきりがない

流水不腐

（りゅうすいふふ）

流れる水は淀むことなく腐《くさ》らないという意味。

欲望は限りなく

「望蜀《ぼうしょく》」という言葉がある。

1つの望みを遂げて、さらにその上を望むこと。足ることを知らないこと。つまり、きりがないことを言う。出自の『後漢書・岑彭伝《しんほう》』には、「人、足るを知らざるに苦しむ。既《すで》に隴《ろう》を平らげ、復《ま》た蜀を望む」とある。

西暦34（建武10）年、漢王朝の後漢・光武帝は、中国を統一。この間、もっとも頑強に抵抗したのが、隴の隗囂《かいごう》と蜀の公孫述《こうそんじゅつ》の2人だ。

32年、岑彭は帝に従って隗囂を攻めた。その際、帝は、自らの野望が次から次へと広がることを嘆いた手紙を岑彭に送った。

「2つの都市（＝隗囂の西城《さいじょう》と、公孫述の上邽《じょうけい》）が落城したら、ただちに兵を率いて南へ進み蜀を討つだろう。人間というものは満足するということを知らないから困る。私は、隴を平定したうえに、さらに蜀の地を望んでいるようだ。その私も、戦をするたび、髪の毛がめっきり白くなり、年老いてきたのだが……」

隗囂は亡くなり、その子は漢に降《くだ》り、岑彭は公孫述に暗殺され、公孫述も蜀の成都で滅んでしまう。

光武帝はついに蜀を平定して、全土統一を果たすことになる。ここから、望みが1つかなうと、また別の望みが出てくる、人の欲望に限りがないことのたとえとして「望蜀」の故事が生まれ、「望蜀の嘆」や「思うこと1つ叶えばまた1つ」という言葉がつくられた。

一方、「足る事を知る人は不平不満が無く、心豊かな生活を送ることが出来る」という意味をもつ「吾唯《われただ》足知《たるをしる》」の文字を、手水の「口」を囲むように刻んだ銭形つくばいが石庭で有名な京都・竜安寺にある。
寄進者は、水戸黄門の名で知られる徳川光圀である。
「知足者富《たるをしるものはとむ》」の学びを深めたい。(1)

業界全体の底上げを

「流水不腐」の出自は、『呂氏春秋《りょししゅんじゅう》・季春紀《きしゅんき》・尽《じん》数《すう》』にある。

逆に解釈すれば、「流れが止まった水は、淀んで腐ってしまう」となる。

〝介護の社会化〟の喧伝とともにスタートした介護保険だが、この言葉が〝大言壮語〟ともとられかねないていたらくの状態にある。

川を流れる水は、先を争って流れているようにも見えるが、高きから低きに流れているにすぎず、「流水不争先＝流れる水は先を争わず」もある。

その意は、水が流れを争い、競っているように見える人は、そのように見ている心のなかに「争いごと」が満ち満ちて、目が曇っているからであるというのだ。

要介護認定者数の増加を「流水争先」ととらえてはいないだろうか。介護制度改正により新たな需要が起こることは、被保険者の心を淀ませるばかりか、腐らせてはいないだろうか。

他方、事業者団体は、サービス提供の種別の数だけ形成されているため、介護報酬《ほうしゅう》の改定への要求はどうしても我田引水に陥りかねない。

最重要事案は、将来の介護業界を担う20～30代の介護従事者の処遇改善や定着促進、育成を制度設計に組み込むことの是非であり、介護報酬の地域別単位や区分の変更、加算等のさじ加減によって解決をごまかしてはなるまい。

また、介護従事者に求められることは、介護福祉士資格や高い介護技術習得とともに、自らの生活観・労働観を通した人間観の形成であり、下積み力である。

事業者団体は、他団体と報酬の水準を競わず、業界全体の底上げを図るという「流水不争先」の姿勢を貫くとともに、「流水不腐」に徹することである。

人は、足ることを知らざるに苦しむものであり、隴を得て蜀を望むのである。

超高齢社会を迎え、知足と不知足の国民的議論が介護経営にも問われる。

(1) 28頁「知足者富」参照。

「異常なし」は要注意

事上磨錬

（じじょうまれん）

行動や実践を通し、知識や精神を磨くこと。

仕事のなかから自らを磨け

「何の問題も生じない時は、仕事がスムーズにはかどります。ところが、いざ何か事にぶつかると思うように行かなくなります。どうしたらよいのでしょうか」「凡事徹底《ぼんじてってい》」(1)のことを記したら、このような質問が舞い込んできた。

質問者は、いざという時、何もできなかった苦《にが》い経験があったという。

「何の問題も生じない時」こそ、「特に異常なし」という現場からの報告に注意を払う自らの身構え方から点検・確認が必要である。

「よかった。一安心」と思うのか、「本当かな」と感ずるのか。そこには、大きな違いがある。

「利用者」1人ひとりの状態像は、皆異なる。

「利用者」の誰が、「異常なし」なのか。

また、スタッフの誰が、報告したのか。

スタッフの経験やスキルによっても報告は微妙に変わってくる。

このようなことに気づくことが、リーダーの仕事でもある。

仕事上の課題が1人ひとりのサービス提供表に凝《ぎょう》縮《しゅく》されているとはいうものの、知識や学問を身につけただけで解決できないこともある。

どのケースにも、語りつくすことのできない修羅場がある。

土壇場《どたんば》に立たされた時、湧《わ》き出る知恵と勇気と人の絆《きずな》。これを乗り越えた先に「一皮《ひとかわ》むけた経験」が宿る。

「百の知識より、一つの実践」という言葉が飛び交う「常在学場《じょうざいがくじょう》」は、なにごとも現場主義という視点に立って取り組む「凡事徹底」から始まる。

実践を通して自らを鍛錬《たんれん》せよ

中国の古典『伝習録《でんしゅうろく》』には、「人はすべからく事上にあって磨錬し、功夫《くふう》を做《な》すべし。乃《すなわ》ち益あらん。もし只《ただ》静を好まば、事に遭いて即《すなわ》ち乱れ、ついに長進なく、静時の工夫もまた差《たが》わん」とある。「事上磨錬」の出自がこれ。

介護事業に置き換えるとこうなる。

リーダーは、要介護者である「利用者」と「その家族」の暮らしを支える仕事を通して、自らの事業所、とりわけスタッフのスキルを磨き上げていかなければならない。

現場からは「特に異常なし」との報告が少なくない。何もなければそれに越したことはない。しかし、「利用者」は、私たちの仕事を妨げる存在ではなく、仕事を遂行するための目的であるということを忘れてはいけない。静時であるがゆえに、「利用者」へのアセスメントやケアプランができているのか、なにげない言動やふるまいの1つひとつから、工夫があってしかるべき。

「凡事徹底」とは、事上に該当する仕事のうえでの目的が明確であり、その目的を遂行するためにふだんから磨錬する取り組み姿勢そのものが介護の質を上げることにつながるということである。

リーダーの資質を問いただすことが、サービスを提供する事業者の質の向上を図る近道である。

「過《あやま》てば則ち改むるに憚《はばか》ること勿《な》かれ（『論語〔学而1〕』）」や「過ちて改めざる、是《これ》を過ちと謂《い》う（『論語〔衛霊公15〕』）」と孔子の箴言《しんげん》を諳《そら》んじ、「人は、性懲《しょうこ》りもなく同じような過ちや失敗を繰り返している」とたかをくくらないこと。

「事上磨錬」とは、わが身の備えを患《うれ》う前の心がけを合図するための戒《いまし》めの言葉でもある。

（1）40頁参照。

切磋琢磨

（せっさたくま）

学問や修養によって自らの資質を向上させること。仲間同士が互いに戒《いまし》め合い、励《はげ》まし合い、また競い合って人格を磨き向上するという意味。

リーダーとしての資質を磨く

セミナーを受講した者同士が、その気持ちを口にする言葉の1つに「切磋琢磨しよう！」がある。

「切」は、小刀や鋸《のこぎり》で切り出すこと。「磋」は、鑢《やすり》や鉋《かんな》で削ること。「琢」は、槌《つち》や鑿《のみ》で打ち叩くこと。「磨」は、砂や小石ですり磨くこと。

これらは、細工師が細工の工程に欠かせない修養の要素を表している。

「切磋」は、骨や角、象牙などを切って鑢などで擦り磨くなど成形してゆく段階。「琢磨」は、玉や石をノミやツチで形を整え、砥石で磨くなど仕上げ段階のこと。その出自は『詩経（衛風淇奥《えいふうきいく》篇）』だが、中国古典の『大学（第2章）』に記された「有斐《ゆか》しき君子、切するが如く磋するが如し、琢するが如く磨するが如し（略）切するが如く磋するが如しとは、学を道《い》うなり、琢するが如く磨するが如しとは、自ら脩《おさ》むるなり」と引用した一節のほうがよく知られる。

「有斐しき君子」すなわち才能豊かなリーダーは、まるで細工師が切り込んだうえに鑢をかけるように「切磋」して、叩いたうえに擦り磨くように「琢磨」して、どこまでも修養する。（略）リーダーは、「切磋」する者として、人としての営みを学ぶこと。「琢磨」する者として、自ら反省のうえに立って修養することである。リーダーとして資質を磨こうとする者は、「切磋琢磨」の語源とその真意に触れ、今一度、惜しみなく「切磋琢磨」を自らに課すことを厭《いと》わぬよう肝に銘じたい。

まずは心を鍛えること

せっかく、時間と金を費やしてセミナーを受講しても、一夜明けると「切磋琢磨」が虚しい響きに終わってしまうのは、「慌しい毎日の業務に翻弄されるばかりで、〝切磋琢磨〟するような暇がない」と思ってしまうからであろう。

真のリーダーは、自分自身を変えることの難しさ、変えることの厳しさを理解できる人である。

では、何を変えればようのであろう。

次の設問に目を通して欲しい。

問1　部下の人たちへの理解がお粗末である
問2　想像力が欠如している
問3　個人的な悩み事を沢山抱えている
問4　責任を転嫁する
問5　天下泰平を決め込んでいる
問6　支離滅裂なことがある
問7　直ぐ頭に血が上る
問8　リスクを取ろうとしない
問9　いつも不安で守りの姿勢をとる
問10　融通を利かそうとしない
問11　チームスピリットを持ち合わせない
問12　変革に臆病である

全項目に対する自己評価はどうであろう。

仲間同士が互いに戒め合い、励まし合い、また競い合って人格を磨き向上するといった視点に立って切磋琢磨が行われていたなら、リーダーシップの発揮はもちろんのこと、現場力は格段に向上するはずである。

これら12項目の棚上げや先送りは、経営の危機を前倒しにするばかりか、崩壊につながりかねない。

「切磋琢磨」するとは、成形してゆく段階の「切磋」を経て、仕上げ段階の「琢磨」へと順序だてて進めて行かなければならないということである。

となれば、「心を鍛える」ことが先決であり、「心を磨く」のは二の次である。

本物の「切磋琢磨」が浸透すれば、介護の現場は大きく変わり、そして確実に動き出す。

自分の足元をおろそかにしない

脚下照顧
（きゃっかしょうこ）

脚下は、自分の足元。自分の足元を顧みるとは、自分が今どのような立場に立っているのかということを、よく見きわめてことに当たるべきであるという教え。

スタッフの成長のために

「P→D→C→Aのサイクルは、スタッフの現場力を引き上げるために欠かせない」というリーダーでさえ、「あのスタッフなら、この程度のことは理解しているはず！」と期待を込めて勘違いする者も少なくない。

　事業所の業務標準（Plan）に対して〝わかる（理解）〟の訓練が徹底されていないスタッフは、業務のなかで疑問が生じても、「自分で考え、検討し、答えを導いてみる」ということを行わず、周りに答えを求め解決してしまうことがしばしばある。

　現場では、悠長に考える間もなく、カンニングが容認されている。

　これでは、決められた業務実績（Do）を遂行するだけの人材を育成しているにすぎず、業務検証(Check)もなく、業務改善（Action）などおよびもつかない。

　さて、「介護サービス情報の公表」に際しては、マニュアルのない事業者から「マニュアルづくりのマニュアル」を望む声もあるのが実態だ。

　業務標準（Plan）さえ示さない横行闊歩《かっぽ》がまかり通れば、介護の質の向上が自家撞着《じかどうちゃく》となりかねない。『荀子《じゅんし》』の一節に「蓬《よもぎ》も麻中《まちゅう》に生すれば、扶《たす》けずして直《なお》し」とある。蓬という草は、麻のなかに生えさせると、真っ直ぐスクスクと育つ。

　スタッフの成長も同じ。良い素質を持ちながら、暗愚なリーダーの手によって伸ばせる能力の芽を摘み取られてはいないだろうか。

履物《はきもの》を揃えると心も揃う

九州の塾生から、地元の体育館のトイレ内で次のような落書きを発見したとのメールをいただいた。

履物を揃えると心も揃う
心が揃うと履物も揃う
脱ぐときに揃えておくと
履くときに心が乱れない
誰かが乱しておいたら
黙って揃えておいてあげよう
そうすれば、
世界中の人の心も揃うでしょう

あわせて、「施設内のトイレのスリッパをつい並べてしまいました」と記していた。

この落書きは禅寺の玄関などに掲げられている「脚下照顧」を平易に嚙《か》み砕《くだ》いた文章であろう。

「足下を見なさい」が転じて「履物を揃えなさい」と標語のように進化して小学校など教育の現場で見かける文言でもある。

その真意は「自分の立場や心を常に顧みる」ということ。

リーダーの出来、不出来は、日々、次から次へとさまざまな業務に流されることなく、自分を静かに見つめる機会をもち合わせるか否かにある。

スタッフの評価はできても、自分の評価はなかなかできないもの。自らの成長を高く求めるならば、スタッフのことを論ずる前に、まず自分の足下をおろそかにしないこと。たとえ、どんなに忙しいときでも、履物を揃えて脱ぐくらいの心のゆとりをもたねばならないとふだんから心がけることである。

玄関を見れば、その家のレベルや生活態度がよくわかるという。介護施設の玄関は、事業者の顔でもある。

履物をきれいに揃える施設は、リーダー、スタッフ、入居者等、皆の良心が互いに「身《しん》・口《く》・意《い》」(1)を鍛え合っていることが垣間《かいま》見られて、清々《すがすが》しささえ感じられる。

（1）110頁「知行合一《ちこうごういつ》」参照。

天井のホコリまで目配りする

巧詐拙誠

（こうさせっせい）

拙《つたな》く巧みではなく、そのうえ、能力や品格が劣っていたとしても、誠実さに勝る策はないということ。

『韓非子《かんぴし》』のなかに「巧詐は拙誠に如《し》かず」という一文がある。

「巧詐」とは、巧みに欺《あざむ》くこと。たとえば、素晴らしく思えるような策を言葉巧みに用いることで、一時的に人の目をごまかすことができたとして、覆《おお》い隠したことが馬脚《ばきゃく》を現すようにして暴かれてしまうようなこと。

「拙誠」とは、拙《つたな》くとも誠の心を貫いた愚直な姿勢を示すこと。

拙いとは、巧みでないこと。巧の対義語であるとともに、能力や品格が劣るなどの意味もある。

ただちに人の心をつかむこと、虜にするようなことなどが下手でも、時がたつにつれて人の心にひたひたとしみいるように誠実さが伝わる人がいる。

誠は、「その心を正さんと欲する者は、まず、その

誠に勝る策はない

「制度の持続可能性」という言葉が使われるようになったのは、第3期介護保険事業計画が議論された頃のことである。要介護認定者数の増加が懸念されたからだ。

第4期介護保険事業計画がスタートする2009年4月に向け、要介護認定をするための一次判定に調査する82項目を65項目（23項目削減、6項目追加）に削減するとの試案が示されたものの、「介護給付費抑制が目的」であるとの批判があがったことから、9項目を残す〝妥協案〟が用意され調査項目に関する討議はおちついた。一次判定の調査項目見直しで課題だった認定調査や審査会の時間短縮など現場業務の「効率化」の下、軽度者の切り捨て御免となるところだった。

意を誠にす」の「誠意正心」(1)に通じる。

〝介護の社会化〟を「巧詐」のかけ声として甘受することなく、自らが「拙誠」の姿勢を通して、地域社会の共創に向かって人財育成を惜しまぬことである。

誇りとホコリの勘違い

収益力のアップは、「効率化」が避けられないと考える者が口にする言葉、それが〝ムダ〟の排除である。

7つのムダを掲げるトヨタ生産方式は、「付加価値を高めない各種現象や結果」とムダを定義している。

1 加工のムダ
2 在庫のムダ
3 作り過ぎのムダ
4 手待ちのムダ
5 動作のムダ
6 運搬のムダ
7 不良をつくるムダ

7つの頭文字を並べると「か・ざ・つ・て・と・う・ふ」から、7つのムダを「飾って豆腐」と呼ぶ。

介護現場では馴染みにくいといっても、「ムダな出費」「ムダな努力」「ムダ口をたたく」など、日常の会話のなかで〝ムダ〟は登場する。

吹き抜け、階高(床面から直上階の床面までの高さ)がある事業所の管理者は、しっかりと天井に目を凝らして欲しい(年に一度の大掃除で天井のスス払いをしているところは、あまり心配はいらない)。

多年に渡って細かな塵《ちり》や綿などが、布地のクロス張りの天井や縁などにツララ(あるいは鍾乳石《しょうにゅうせき》)のように垂れ下がるホコリの柱を発見しなかっただろうか。ホコリのツララが空中に漂えば、利用者(もしくは職員)の誰かが、吸引しかねない。

スプリンクラーの設置義務づけに伴って取り付け工事を行った際、天井のホコリの凄まじさを痛感したというグループホームからの声は少なくなかった。

天井の掃除は〝ムダ〟か?

「巧詐」に溺れ「拙誠」をないがしろにする事業者のなかには、誇りの勘違いをしているところがある。

ホコリ高き事業所になることなかれ。

(1) 100頁参照。

目の届かないところも大切に

喜怒哀楽

（きどあいらく）

喜び、怒り、悲（哀）しみ、楽しみといった人間のさまざまな感情のこと。

ホウ・レン・ソウ・ダ・ネ

業務を円滑に進めていくために必要な一連の動作を指す言葉に、「報告」「連絡」「相談」を略した「ホウ・レン・ソウ」がある。

「報告」は、正直に行うことが求められているはずなのだが、徹底されているだろうか。

悪いことをした場合、嘘をついたりごまかしたり、偽った内容に書き換えるとか、何もなかったかのように隠してしまうといった劣悪なケースもある。

良い報告は、たとえ後回しになったとしても構わない。

悪い報告は、最優先にすること。

それは、ケガや病気と全く同じことで、素早い対処が功を奏するからである。

たとえば、利用者、ご家族からのクレームやトラブルが発生した場合、直属上司に即時報告するようにできているだろうか。

その上司は、事実関係をよく把握したうえで、上長に報告する必要があるものの、不在、帰宅、公休もあれば、深夜や早朝もある。

1　悪い報告をした部下を褒めよ

2　悪い報告をしなかった部下を罰せよ

これは、5世紀の中頃、中央アジアの草原地帯に君臨したフン族のアッチラ大王が、70万の騎馬兵を統率するに当たって用いた〝アッチラズルール〟である。

単純明快な2つのルールの根底にあるものは、「耳の痛い報告を最優先する」という原理原則である。

これに「打ち合わせ」「根回し」を加えた「ホウ・レン・ソウ・ダ・ネ」は、悪いことを繰り返さないためにも心がけるとよい。

テーブルは縁の裏まで拭《ふ》く

ある年の夏の事業所訪問で、目に飛び込んだのが、吹き抜けの天井から吊《つ》るされたシーリングファン（天井扇）の羽の縁に付着したホコリ。

その日に限って止めていたことから、遠目にもくっきりと見えるすべての羽の縁のホコリの汚れ。

夏に入る前に行うべき点検業務の1つを怠っていたと思われる。

「衛生概念を徹底する意味からも環境整備を徹底すべきである」と、腹を立てて怒ったところで何も解決はしない。

ある事業所で、この感情を巧みに表現した一文が掲示されていたので紹介しよう。

素敵な事は皆で喜び
怒りが生まれ無い様皆で考え
哀しみが少しでも癒《い》える様寄り添い
色々な事を経験し楽しみながら人生を歩もう

誰もが持ち合わせる喜怒哀楽の感情表現は、人間関係を良くも悪くもするものである。

『中庸《ちゅうよう》』の第1章には、「喜・怒・哀・楽などの感情が動き出す前の平静な状態、それを中という。感情は動き出したが、それらが皆しかるべき節度にぴたりと適っている状態、それを和という。この中と和とを押し極めれば、正しい状態におちつき、あらゆるものが健全な生育を遂げる」とある。

中と和とを押し極めることが難しい事業所は、業務を円滑に進めるという観点から、〝アッチラズルール〟を試してみることをお勧めしたい。

目が行き届かない所こそ大切にと、「テーブルは縁の裏まで拭く」ことを添えて徹底を促した。

手を抜かない、緩めない

眼高手低

（がんこうしゅてい）

理想だけ高くて、実行力が伴わないこと。批判だけはすごいが、創作力はそれほどでもないこと。

手を抜かない

開設から9か月が経過したユニット特養を見学した時のこと。

10か所の浴室のすべてに木製の浴槽《よくそう》が備えつけられていたのだが、どこを見ても念入りに掃除が行われていたことに驚かされた。

たまたま、前週、前々週と同じタイプの浴槽を見続けていたからなのであろう、その違いをひと目で感じとれるくらいだった（それほど他がひどすぎた）ので、そのことを施設長に聞いてみた。

入居者にとって落ち着いて入浴のできる木の浴槽も、その手入れには少し手間がかかる。

当初は、各ユニットの職員が分担して浴槽の掃除をするように決めていたのだが、しばらくして他の業務に支障を来してしまうなどから見直しを求められたという。

木の浴槽は、お湯を抜いた後、ヘチマ、柔らかいスポンジ等を使って、湯船についた〝ぬめり〟をよく水洗いしなければならない。

タワシ類を使うと木肌に傷がついて汚れがつきやすくなることから使用は控えざるをえないのである。

施設長は、眼高手低でも、拱手傍観《こうしゅぼうかん》（何もせず手をこまねいて側で見ていること。中国の礼の仕方のことで、両手を組み合わせて胸元で上下することをいう）でもなく、浴室の清掃のみを担当するための障害者雇用に踏み切ったという。

周囲からは、冒険であるともいわれた取り組みだったというが、彼らを通して学んだこと。

それは、浴槽の手入れに〝手を抜かない！〟ことだった。

〝て〟と〝て〟と5つの種

彼（彼女）たちの仕事への姿勢を見て感じたのは、与えられたことに対して〝手を抜かない！〟〝手を緩めない！〟という徹底ぶり。

ともすれば、〝手を抜く〟〝手を緩める〟といった安易さに流れかねない職員にとって、手を休めることなく黙々《もくもく》と汗を流しながら浴室の掃除を行っている仲間がともに働いているということは、良い刺激になるに違いない。

手を替え品を替え、あらん限り手を回して得手勝手に振る舞う手練手管な人が幅を利かしてはいないだろうか。

手前味噌で飾ることのない施設長が下した一手、それはあらゆる手を尽くそうと心がける不断の努力の蓄積に拠るものといえる。

手のかかる職員がいる。手を焼く職員がいる。手を煩わせる職員がいる。手に余る職員がいる。手に負えない職員もいる。そんな職員の手も借りなければ、業務は滞ってしまう。

〝て〟と〝て〟と5つの種をスローガンに掲げて取り組んでいるところがある。

1　つなぎあう手　あなたと共に
2　あたたかな手　信頼と共に
3　ささえあう手　地域と共に
4　すくう手　いのちと共に
5　むすびあう手　仲間と共に

いつも心のなかで手のひらを合わせるような気持ちを育むよう、自らの資質の鍛え方に〝手を抜かない！〟〝手を緩めない！〟ことを大切にしたい。特にトップは。

蟬蛻龍変
（せんぜいりゅうへん）

迷いから抜け出して悟りの境地に達すること。それまでの慣習や因習にとらわれず、そこからの束縛から抜け出し大きく生まれ変わること。

「始点」―「視点」＝「支点」

介護業界は、2006年秋から人材難がいよいよ本格化した。

福祉系大学が増加したものの、卒業生が必ずしも介護業界に就職しないという傾向が続いている。

そこに、少子化が追い討ちをかけている。

もともと、介護サービスの基本は、要介護者のウンチ、オシッコに日々刻々と向き合うのが仕事であり、このことから目を離すことはできない。

3K職場といわれる所以《ゆえん》がこれだ。

「不易[1]」の最大の要、排せつケアは、単にトイレ誘導のみに限らず、オムツ外しを含めた自立を支えるものであり、排せつの可否で要介護者の自立度も大きく異なる。

認知症の人にとっても排せつは重要なケアであり、介護職にとってウンチ、オシッコとの格闘は避けられない。

排せつケアは、要介護者の自立支援という「始点」からはじまる。

要介護者が認知症であるとか、オムツをしているなどの「視点」にもとづいて、どう支えれば自立ができるのかという「支点」を確立するのが介護職の仕事である。

「始点（目標）」に対する「視点（現在）」から、「支点（課題）」を導く創意工夫こそ、介護職の腕の見せどころなのだが……。

抜け落ちた子守りの経験

2005年秋から複数のフィリピン女性が介護職(2)として働く特別養護老人ホーム（愛知県）がある。

彼女たちのネームプレートには日本姓（婚姻により日本国籍取得）が記され、外国人と気がつかない入所者もいる。

理事長の好意から、彼女たちと面談する機会を数度にわたって得られた。わが国と比国の家族観、介護観の違いから、介護職を志望した理由などさまざまな話を聞くなか、驚いたことがあるので紹介したい。

全員、小学校1年生の夏休みの家事手伝いに「子守り」をあげたことである。兄弟や姉妹から甥《おい》や姪《めい》もあった。わが国にも、子どもの「子守り」は当然という時代があった。近年は、核家族化、少子化の進行によって、言葉そのものが死語になりつつある。赤ちゃんとはいえ、ウンチ、オシッコと格闘した「子守り」の経験を通して知る家族の絆の大切さが芽生える。

仏教用語の1つに「蝉蛻（蝉《せみ》の蛻《ぬけがら》）」という言葉がある。「蝉蛻」とは、蝉が幼虫から成虫に成長する過程。地中から地上に這い出るとともに、自らの殻を脱皮して大地に飛び立つさまのことをいう。つまり、「外形はそのままで中身がぬけがらになる」の意が転じて〝解脱〟〝悟りをひらく〟といった意を含む言葉として使われる。

先人のなかには、蝉の幼虫時代は長いものの、「蝉蛻」して成虫となった蝉の命の儚《はかな》さを哀れみ、「蝉蛻とともに、龍のように大きく変わる」との意を託して「蝉蛻龍変」と使うこともある。

21世紀の超高齢時代に先駆けて施行した介護保険法は改正を繰り返している。

真の龍変には、次代の後継者に対して、利用者、介護職の双方がウンチ、オシッコとの格闘を通して自立支援の光明を見出すための知恵の汗をかく楽しさを示す必要がある。これができないのであれば、継続して栄える経営の仕組みが崩壊しかねない。

（1）162頁「不易流行《ふえきりゅうこう》」参照。

（2）長期滞在中のフィリピン人を対象に2005年、名古屋市で始まったホームヘルパー講座の卒業生。

遅すぎた対策にならないために

千載一遇（せんざいいちぐう）

「載」は、積載・満載など載せることや運ぶこと、記載・掲載など書き記すことに加え、10の44乗の単位を表す場合にも用いる。めったにないチャンスにめぐり合うこと。

凝縮された時間

一、十、百、千、万、億、兆（10の12乗）まで言えても、そこから先を知る人は稀《まれ》である。

「京《けい》」＝10の16乗
「垓《がい》」＝10の20乗
「予《じょ》」＝10の24乗
「穣《じょう》」＝10の28乗
「溝《こう》」＝10の32乗
「澗《かん》」＝10の36乗
「正《せい》」＝10の40乗
「載」＝10の44乗
「極《ごく》」＝10の48乗
「恒河沙《ごうがしゃ》」＝10の52乗
「阿僧祇《あそぎ》」＝10の56乗
「那由也《なゆた》」＝10の60乗
「不可思議《ふかしぎ》」＝10の64乗
「無量大数《むりょうたいすう》」＝10の68乗

と、見慣れない字が登場する。

誕生から約46億年（14京5065兆6000億秒）といわれる地球を24時間ドラマに収めようとすれば、日米修好通商《しゅうこうつうしょう》条約によって横浜、長崎、函館《はこだて》の3港を開港した1859（安政《あんせい》6）年の出来事を見られるのは、23時59分59秒過ぎのこと。

地球生誕24時間ドラマの前では、約150年分の歴史でさえ、わずか1秒にすぎない。たかが1秒。されど、1秒のなかにさまざまな出来事が凝縮《ぎょうしゅく》されている。

目の前を過ぎる一瞬、その1コマ1コマを千載一遇ととらえることができるようでありたい。

千載一隅の危機

千載一遇の好機に対して、ピンチに立たされた場合、千載一遇の危機というのだろうか。

2009年7月21日昼前、ゲリラ豪雨が山口県防府市の特別養護老人ホームを襲った。

土砂《どしゃ》崩れの直撃を受けたホーム1階のホールに流れ込んだ土砂は、人の背丈の高さまで及んだことから7人もの入居者の命を奪ってしまうという大惨事《だいさんじ》となった。

同市は、土砂災害防止法で定められた土砂災害情報の高齢者施設などへの伝達方法を決めていなかったという。

また、同法で定められた避難場所などを記載した地図（ハザードマップ）も作成していなかったことが、後になって判明した。

一方、旧厚生省が2000年3月に都道府県と市に通知した「特別養護老人ホームの設備及び運営に関する基準」では、特養施設は風水害、地震などの災害に対処するための非常災害に関する具体的計画を策定しなければならないとしている。

2008年1月、山口県が同ホームを指導監査した際、「計画を策定するように」と口頭指導が行われたものの、そのままで終わっていた。

施設側が独自に雨量計を設置して、1次、2次などの警戒体制を敷くところ、行政と介護施設や関係機関が一体となって防災ラジオを有効に活用する地域もある。

「まずは、安全な場所に逃れる」ことが鉄則であり、日頃からの避難誘導の訓練は欠かせない。

「千載一遇の危機」の出来事を教訓にして、事故の再発を防ぐことが肝要である。

事故が起きてからでは遅すぎる。

再発防止に向けて

倏忽万端

（しゅうこつばんたん）

あっという間に変わってしまうこと。

惨事3度、グループホーム火災

2013年2月8日夜、長崎市内のグループホームで火災が発生し、5人の尊《とうと》い命が奪われた。翌朝のブログに「惨事3度、繰り返されたグループホーム火災事故」と記したところ、今から30年程前、火元となった2階の部屋に3年間暮らしていたという方から投稿をいただいたので、抜粋して紹介したい。

「当時は、地元の短大生が多数住む寮的存在でした。オランダ坂前の道幅は狭く、裏は崖《がけ》であり、逃げ道がふさがれていることから、万一の火災に備えて各部屋の入り口に水を張ったバケツを常備していましたが、坂の街の知恵だと感心したものです。不意の出火も、女子大生なら協力して鎮火《ちんか》もできますが、30年を経て認知症を患《わずら》う体力もない高齢者にとっては無理な話でしょう。内部構造を知る者の1人として、改修もせず用途変更だけでそのまま使用されていたとしたらと考えるとゾッとしました。ここで生活をされた元学生の皆さんも同じ思いに駆《か》られたに違いありません。亡くなられた5名の方々の御冥福《ごめいふく》を祈らずにはいられません。加えて、担当だった職員の方の辛《つら》さも計り知れません。さらなる建築基準法、社会福祉法の改正を願います」

人情世態は倏忽万端

2006年1月に発生した長崎県大村市のグループホーム火災（入居者7人死亡・2人負傷）を受け、翌年6月に消防法施行令が一部改正され、グループホームを含む小規模福祉施設の防火安全対策が強化された。

また、2009年4月より、自力避難困難な方が入所する社会福祉施設に対して消防用設備等の設置基準が強化され、275㎡以上の防火対象物にはスプリンクラー設備の設置が義務づけられたものの、10年3月に北海道札幌市のグループホーム火災(入居者7人死亡)が続いた。

たび重なる惨事を前にして、消防法のスプリンクラー設置基準の見直しによる再発防止策の検討が急務であるが、建築基準法違反などを長崎市当局から指摘されながらも改善されていなかった点をふまえた対策も必要だ。

一方、出火元の部屋にあった加湿器(1998年9月~99年1月に販売)が火元である可能性が高いとして、22日に製造元が記者会見に応じて陳謝《ちんしゃ》した。

当該製品は、使用中に焦げ、発煙などから火災につながる恐れがあるとしてリコール(製品回収)を届け、2007年まで新聞広告等で回収と注意喚起を呼び続けていたようだが、回収率は全体の75%程度に止まっていた。

2012年4月から「消費者庁リコール情報サイト」の運営を開始した消費者庁は、25日までに関係省庁と連携し、リコール情報の周知徹底方法を強化する方針を決めたという。

「人情世態《にんじょうせたい》は倏忽万端、宜《よろ》しく認め得て太《はなは》だ真なるべからず」

『菜根譚《さいこんたん》』の一節にある。

意訳すると、「人情や世相は倏忽万端なので、どこに真実があるのか見きわめがたい」となる。

惨事3度の火災事故の教訓は、「火災によって犠牲者を出さない」ことに尽きる。

大村市、札幌市、長崎市と3度のグループホーム火災によって19人もの尊い命が犠牲となった。

目下のところは、利用者の生命の安全・安心の確保とその権利を守るために見過ごされてきたことを改めて見直さなければならない。

だが、火災に巻き込まれるのは、利用者だけではなく、職員や近隣住民に被害が及ぶこともある。事業者は、より大きな立場から物事を見る力を養い、再発防止に全力を傾ける力が問われている。

自分を変えることは難しい

自老視少
（じろうししょう）

老自より少を視る。年老いて若い頃を省みると、なんてバカなことをしていたのかということがわかってくるものだという意味。

善からぬところには善からぬことが

「老健施設で入所者虐待《ぎゃくたい》」と、マスコミ各社から報道されたのは2010年4月17日のこと。

栃木県の介護老人保健施設で複数の介護職員が認知症の入所者複数名に対して、数年前から虐待行為を継続的に行っていたことが地元新聞社の取材によって明らかにされたからである。

当初、「虐待」と認めたといわれる理事長だが、次第に謝罪コメントが変わっていく。

「悪意はなかったが、行きすぎた行為だった。入所者と家族の方に申し訳ない」「不適切な行為があり、利用者にご迷惑をおかけした。高齢者介護への不信を抱かせたことをお詫びしたい」「（虐待行為との報道内容について）職員に虐待の意思がなかったことなどから、私は虐待ととらえていない」

良くないとわかっているのにもかかわらず、集団が犯してしまう愚かな行為を、集団愚行とか集団浅慮(1)(groupthink)という。

「赤信号、みんなで渡れば怖くない」などが、その一例である。

愚考（行）が日常化した集団のもとでは、何が愚かな行為であるのかという善悪の判断が鈍くなる。

善（良・好）からぬところには、善（良・好）からぬことが起こる。

再発防止は、「誰が正しいのか」ということにとらわれすぎて、「何が正しいのか」という視点を怠ってはならない。

姿勢が行動を決める

「自老視少」は、『菜根譚《さいこんたん》』にある。老は、経験を積むこと。これが増せば、見えないものが見えるようになる。

たとえば、ある職員の行動は、日頃の姿勢からおよそ窺《うかが》い知ることができるというように「姿勢が行動を決める」といって過言ではない。

このことに気づいて、自らの行いを反省してきた人、それをやり過ごしてきた人の差は大きい。

苦境に立たされやすい人には、次のような癖がある。

1　現状に甘んじて、課題から目を背ける
2　グチっぽく、言い訳ばかりをする
3　目標が、漠然としている
4　自分が傷つく事は回避しようとする
5　行き当たりばったりで、その場をやり過す
6　軋轢《あつれき》を恐れて、何もできない
7　優先すべきことを、先へ先へと引き延ばす
8　何事によらず、途中で投げ出す
9　私だけがなぜと、不信感が募《つの》り行動がとれない
10　時間に振り回され、時間を主体的に創れない
11　なぜか、できない理由が先にでる
12　できない、難しいと考えてしまう

「職員の規範意識が低かった。ふだんの研修が十分ではなかった」と釈明した理事長だが、自らを厳しく律すること、これが先だ。

自分自身を変えることの難しさ、その厳しさを理解できる人でなければトップは務まらない。

「かわいくば、5つ教えて、3つ褒め、2つ叱ってよき人とせよ」という言葉がある。(2)

2つ叱るのは、①すべきことをしない、②してはならないことをして、その人がとった行動（姿勢）を正すときに用いたい。

人格の否定に深入りすれば、元の木阿弥《もくあみ》となるのでご用心あれ。

（1）154頁「集団浅慮《しゅうだんせんりょ》」参照。
（2）二宮尊徳の言葉と伝えられるが定かではない。

正しい心こそ繁栄を導く

心訓七則
（しんくんしちそく）

一般に福沢七訓として流布。福沢諭吉が書いたという事実は残っておらず、他の誰かが、福沢諭吉の名前で書いたものといわれている。

まずは自らの身を修めることから

2007年、人の資質を疑いたくなるような不祥事が、経済界で相次いだ。

食肉加工会社による前代未聞《みもん》の一大偽装・詐欺《さぎ》事件だが、同社と同社社長は、文部科学省から2006年4月に「創意工夫功労者賞」を受賞していた。北海道庁から推薦を得た「攪拌《かくはん》機付きひき肉製造器の考案」が表彰の対象だったというから、開いた口が塞《ふさ》がらない。

牛乳食中毒事件、洋菓子メーカーのずさんな生産管理、原子力発電所の臨界事故、自動車メーカーの構造的なリコール隠し、鉄道会社の過酷《かこく》な運行管理がもたらした脱線転覆《てんぷく》事故、回転ドアやエレベーター事故等。いずれも倫理観不毛な経営陣のもとで行われた白昼堂々の企業ぐるみ犯罪といわざるをえない。

介護業界も然り。

コムスンの介護報酬《ほうしゅう》不正請求等の発覚で、グッドウィル・グループ会長がテレビ記者会見を開いたのは、厚生労働省が事業所指定の更新を認めないように都道府県に通達した2007年6月6日から2日後の午後3時のこと。

善意、好意、親善、友好という意味をもつ英語・グッドウィル（good-will）だが、善意（他人を思う心。好意。また、他の行為などを好意的に見ようとする心と辞書に記されてある）の履き違えか、（法のある）事実を知らなかったという「善意の第三者」を装った態度はなかっただろうか。

カリスマ的なトップの専横は、はたから見れば愚考にしか映らないものの、愚行へと暴走を加速させた経営陣の集団浅慮(1)の姿勢にも良識が問われる。

企業（事業）価値を語る前に、自らの倫理観を真摯《しんし》に貫くことが求められて然るべきである。

『大学』には、「その家を斉《ととの》うるはその身を修むるに在り」とある。

自らを修めることさえできない者は、家（会社）を治めることなどできるわけがないとも読める。

心を正す

また『大学』には、「身を修むるは其の心を正すに在り」との一節がある。

自らの徳性を高めるには、まず心を正すことであり、これが身を修めることにつながる。

経済の語源は、国を経《おさ》め（織物の縦糸を指し、正しく真っすぐの意がある）民を済《すく》うという意味をもつ「経国済民」からきた言葉だが、社団法人日本経済団体連合会の理事に2004年1月就任した会長は、熟知していただろうか。

トップは、自らの資質を徹底して鍛えたい。

その術として「心訓七則」を日々唱和することから始めたいものだ。

1 世の中で一番楽しく立派なことは、一生涯を貫く仕事を持つことです。
2 世の中で一番みじめなことは、教養のないことです。
3 世の中で一番寂しいことは、仕事のないことです。
4 世の中で一番醜いことは、他人の生活を羨むことです。
5 世の中で一番尊いことは、人のために奉仕して決して恩に着せぬことです。
6 世の中で一番美しいことは、全てのものに愛情を持つことです。
7 世の中で一番悲しいことは、うそをつくことです。

(1) 154頁「集団浅慮《しゅうだんせんりょ》」参照。

人間の役に立つから発酵になる

横逆困窮

（おうぎゃくこんきゅう）

人の鍛え方

心の糧を説いた『菜根譚《さいこんたん》』の一節には、横逆困窮が人の成長には必要であり、これが溶鉱炉のような存在となって自らをたくましく鍛え上げてくれるという意をもった「横逆困窮は、これ豪傑を煆煉《かれん》する一副の鑪《う》錘《すい》なり」がある。

後半には、「能《よ》くその煆煉を受くれば、則《すなわ》ち身心交《こもご》も益し、その煆煉を受けざれば、則ち身心交も損す」と続く。

その意は、不遇や困窮のなかで鍛えられると、身も心もともに強くたくましくなれるが、その機会を逃せば中途半端な人で終わってしまうというのである。

横逆は横暴などのことを指し「あまりにも横逆な振る舞い」という使い方がある。

「横逆」とは、わがままで道理に反すること。不遇や困窮のこと。逆境においてこそ人は心身ともに鍛えられるという意味。

2012年の介護報酬改定は、訪問看護や介護老人保健施設の一部を除いた多くの介護サービス事業者を「横逆困窮」に追い込んだといっても過言ではあるまい。

改定の根拠となった「主な介護サービスの収支差率」の数値は、2011年3月の経営状況を把握する資料とはいえ、東日本大震災の影響をふまえ、青森、岩手、宮城、福島、茨城の5県の介護施設・事業所は調査対象外であった。被災地の介護事業所では、転居・死亡などで利用者が減少し減収となったところや、建物や設備機器が破損して多額の修繕費負担から経営状況が悪化しているケースも少なくないこと、調査対象の有効回答数が少なかったなど、訝《いぶか》ればきりがなく、介護報酬怪定と揶揄《やゆ》する声も決して少なくない。

発酵と腐敗

２０１１年12月、自主上映会でしか見られない映画「降りてゆく生き方」（主演・武田鉄矢、監督・倉貫健二郎）を鑑賞するため秋田に足を運んだ。

２０１０年から2年間、北海道、新潟、東京などで7回も観たことから、脳裏に焼きついた造り酒屋の女将の台詞がある。

「発酵と腐敗って、同じことなんです。人間にとって有益だったら発酵と呼ばれ、有害だったら腐敗と呼ばれます。自分のもの、自分のお金、自分の成功、自分の自分のって我欲は、腐敗を招きます。でも、その道をとことん体験して、初めて腐敗に行き当たって、そして、発酵の大切さがわかる人も必ずいます。良くなるために、悪くなるってことがあることを忘れないでほしいんです」

発酵と腐敗は、ともに微生物の働きによって有機物が分解されることに違いはないが、その結果が有益か有害かということによって評価が一変してしまう。

それぞれの言葉に〝社会〟をつけ加えると、「腐敗（有害な）社会」と「発酵（有益な）社会」となる。

「腐敗した社会には、多くの法律がある」

18世紀のイギリスで「文壇の大御所」と呼ばれたサミュエル・ジョンソンの名言がある。

「法律さえ守っていれば、全てが許される社会」と、皮肉をいいたかったのであろうか。

人（微生物）によって法律（有機物）が運用（分解）されることにより、発酵（有益）にも腐敗（有害）にもなると考えられないだろうか。

介護報酬に組み込まれた介護職員処遇改善加算は、第5期3年間の「例外的かつ過渡的な取り扱い」とされ、２０１５年度以降、給与として確保されるか否かが不明という条件つきだから大変なのではなく、処遇改善加算を端緒として今後介護職員のあり方が大きく変わるから大変なのである。

有史以来の超高齢社会に最速で到達するわが国の社会のあり方や介護業界の姿をどう描くのか。

「発酵した社会」をめざした鍛錬《たんれん》を惜しんではなるまい。

過去の経験を共有化する

温故知新
（おんこちしん）

「故《ふる》きを温《たず》ね新しきを知れば、以《もっ》て師たるべし（『論語〔為政2〕』）」。昔のことを調べ、そこから学んで、現在の課題に取り組むこと。

介護サービスは季節対応商品

「今を疑う者はこれを古《いにしえ》に察し、来《らい》を知らざる者はこれを往《おう》に視る。万事の生ずるや、趣《おもむき》を異にして帰を同じくするは、古今一なり（『管子〔形勢篇〕』）[1]」

「現在を理解できない時は、昔のことから推察してみること。また、未来を察知することが難しい時は過去を振り返ってみること。すべて物事の現れ方は異なっているように見えても、古今を通して、その法則性（原理・原則）に何の違いもない」というのが、その意である。

地球の温暖化が気になる昨今だが、わが国は「春夏秋冬」という四季がめぐる気候風土のなかで生活を営んできた。季節の変わり目は、否応なしに体調の変化をきたす。特に、要介護者にとっては、心身の状態像に著しく激変が見られるのがこの時季である。

寒暖の変化を事前に察知するなど、四季の節目ごとに「視・観・察」するというアプローチからのアセスメントはできているだろうか。シーズンに対応した商品開発と品揃えが欠かせないファッション業界と似た側面が、介護サービスにも求められているという視点を忘れてはならない。

現場では、天候の異変から、「昨日と今日は、同じではない」と利用者の変調を経験的に理解できる者がいる。

だが、多くの場合、1人の個人的な体験学習の域を脱しきれず、事業所の財産（＝ノウハウ）として昇華されていないというのが現状だ。

「春夏秋冬」のシーズンごとに綴《つづ》ったケース・スタディが、ファイルとなって用意されているだろうか。「季節に応じて、過去の教訓を的確に伝える」という仕組みが抜け落ちてはいないだろうか。「昨冬の経験を今冬に生かす」という鋭意努力の徹底がなければ、ノロウイルスの再来は免れない。

温度と湿度と時間のマネジメントはできているか

「温度と湿度と時間」の相関性は、高齢者介護にとって重要なマネジメント管理であるというのが、私の持論だ。

温度は、低い場合、寒さによる急激な血圧の上昇が起きたり、高い場合、高齢者は暑さには感覚的に鈍くなりがちなため熱中症に陥りやすくなる。

湿度は、人間にとって40～60％が快適だが、40％より下がるとウイルス感染率が急激に高まる。インフルエンザに高齢者がかかると重篤になる可能性が高い。また、逆に湿度が高くなるとカビやダニが多く発生し、呼吸器系をはじめとする全身に悪影響を及ぼす疾患を誘発するようになる。

これに時間を加えることで、本人の生活パターンを把握することになり、体調の確認が可能となり（排便リズム、内服時間等）、適切なサービス提供時間につなげることができる（認知症の方の生活リズムの適正化等）。

人間は、地球に生息する生命体の1つでしかない。施設から在宅へのサービス誘導は、より自然現象を感じとりやすい状態で介護を受けることを指す。「温度と湿度と時間」の相関性を常に念頭に置いたケアが意識できるリーダーは、どれほどいるだろう。

介護には医療の視点も重要な役割を果たし、それをあわせもつことがリスクマネジメントにもつながる。

私たちは、未来は学べないが、過去は学べる。古より、暮らしのなかに息づいてきた知恵には、現在にも通用するものも少なくない。まずは、「手洗い・うがい」を徹底させることもトップの重要な仕事の1つであると改めて強調しておく。

（1）『管子』は、中国の春秋時代（紀元前770年～403年）、斉の国の名宰相・管仲の言説をまとめたもの。

不満をもつ人はテロリストになる

啐啄同時（そったくどうじ）

師と弟子の働きが合致するという意味。

しつけがなってない！

「不満をもつ顧客はテロリストになる」とは、マーケティングの大家、フィリップ・コトラーの言葉である。

ある介護施設を訪問した際、「(この施設はスタッフの）しつけがなっていない！」とボヤいた利用者の声を耳にする機会を得た。

要介護者層が、措置の時代と確実に変わったことを示す一例である。

当の施設は、経験豊かな有資格者が揃っていて、各種の研修にも積極的に出かけている。介護に関する知識や技術習得には意欲的だが、その成果が利用者にはあまり伝わってこないようだ。

しつけとは、身につけるべき礼儀や作法のこと。〝仕付け〟にもつながる。

仕付けは、着物の縫《ぬ》い目を正しく整えるための仮縫いなどを指すが、これができていないと着物が縫えない。何事であれ物事を成すとき、用意周到に準備しなければならない心得るべきものといってよいだろう。家庭（親）のしつけに始まり、現代では死語となった「しつけ奉公《ほうこう》」もある。

礼儀や作法を点検するための合言葉として、「FUMIKOさんがポイント」を点呼してはどうだろう。

FU　ふるまい方は、どうか？

MI　身だしなみは、どうか？

KO　言葉遣いは、どうか？

利用者の不満は、決して難しいことを求めているのではない。

前述の一件から、「私たちがいなくても利用者は困らないが……」を思い出したという施設長は、「利用者に向かって謙虚に〝ありがとうございました〟」と心の底から言えるサービス提供責任者となれるよう自らに喚起を促したいと語ってくれた。[1]

賢所に賢書、賢者あり

不満をもつのは、なにも利用者ばかりではない。スタッフだって同じこと。

「育成して、それなりに処遇してきたはずなのに」

辞めたスタッフならいざ知らず、勤めていながら、職場の悪口雑言を周囲に公言する者もいる。「不満をもつスタッフはテロリストになる」との言葉に身が縮む思いの事業者も少なくない。

禅語に、「師と弟子の働きが合致する」という意味をもつ「啐啄同時」があるので覚えておきたい。

「啐啄同時」の「啐」は鶏の卵がかえる時、殻の中で雛がつつく音のことであり、「啄」は親鶏が殻を外から噛み破るさまを指す。これが同時に行われることで、師と弟子の機縁が一体となって合致した働きをすることをいう。

スタッフの「啐」の声（不満）を聞いて、リーダーは「啄」を行っているだろうか。

「やってられない！」と、ついぼやく愚痴は不満の意思表示。「何を言うか」と怒るようでは、人並みリーダーでしかない。

人に秀でたリーダーは、「（やってられるようにするには）どうしたらいい？」と、愚痴を疑問へ、そして意見へと引き上げていく工夫、つまり、ピンチをチャンスに変える仕組みを組み立てていく。[2] 業務改善の一歩は、こんなところから始まるものである。

長野県の宅幼老所にて、利用者の記した「心に響く言葉」が掲げられていたので紹介したい。

子供を叱るな来た道だ
年寄りを嫌うな行く道だ
思いやりこそ人の道だ
賢所に賢書、賢者あり。

（1）116頁コラム参照。（2）80頁「随処作主《ずいしょにしゅとなる》」参照。

先義後利

（せんぎごり）

人の行うべき道義や正義を優先して、利益を後回しにすること。

お客様第一主義

中国・儒学《じゅがく》の祖の1人、『荀子《じゅんし》（栄辱《えいじょく》編）』には、「義を先にして利を後にする者は栄えあり、利を先にして義を後にする者には辱あり」という言葉がある。

江戸時代の1736（元文元）年、下村彦右衛門《しもむらひこえもん》（現在の大丸の創業者）は、冒頭の「義を先にして利を後にする者は栄えあり」を引用した「先義後利」を根本理念とした店是《てんぜ》を全店（京都、大坂、名古屋）に定めた。

その100年後、1837（天保8）年、島原の乱から数えて200年目、大塩平八郎（元大坂東町奉行与力《ぶぎょうよりき》、大阪の表記は明治以降）の乱が起きた。

天保《てんぽう》の大飢饉《だいききん》に端を発した百姓一揆《いっき》が全国で多発。天下の台所といわれた大坂は、幕府の役人と豪商との癒着《ゆちゃく》による不正から米価が急騰《きゅうとう》。

窮民《きゅうみん》救済と幕政の刷新を求めた大塩の義挙が暴走して内乱となり、大坂市中の5分の1が焼失した。

その渦中《かちゅう》、「大丸は義商なり。これを侵すなかれ」として焼き討《う》ちから免《まぬが》れたといわれている。

「先義後利」とは、社会とお客様への義（信義・道義）を貫くことであり、企業の利益は社会とお客様からの信頼を得ることによってもたらされるとの意味を込めた言葉である。

「お客様第一主義」と「社会への貢献」を言い表した大丸の企業理念として、幾多の時代を超えて受け継がれている。

「義」には、「①道理、条理、物事の理にかなったこと。人間の行うべき筋道。正義、義務、仁義礼智信」「②利害を捨てて条理に従い、人道、公共のために尽くすこと。義士、義挙」「③意味、わけ、言葉の内容。語義、講義」「④他人と名義上、親子・兄弟など肉親としての縁を結ぶこと。義母、義兄弟。人体の一部として代用するもの。義手、義歯」の意味がある。

「利」には、「①もうけ、とく。利にさとい、漁夫の利、利益、利息、権利」「②ためにすること。利己、私利」「③都合の良いこと、役立つこと。効用、利用、便利」「④よく切れること、するどいこと、賢いこと。鋭利、利器、利発」の意味がある。

介護の社会化の共創

介護サービス事業者の不正事案の再発を防止し、介護事業運営の適正化を図るため、法令遵守《じゅんしゅ》等の業務管理体制整備の義務づけ、事業者の本部等に対する立《たち》入《いり》検査権の創設、不正事業者による処分逃《のが》れ対策などを目的とした「介護保険法及び老人福祉法の一部を改正する法律」が2009年5月1日に施行された。

介護保険制度の特徴は、代理請求（受領）者と呼ばれる介護給付費の請求と受給の仕組みにある。

事業者は、カラ請求や人員配置のごまかし等、「①悪事を行わない、②詐欺《さぎ》的なことはしない、③盗んではならない、④法令の文言を遵守する」など、法令遵守に基づくＣＳＲ(1)（企業の社会的責任）の狭義を正すばかりか、「①他を助ける、②地域をより良いものにする、③人間の尊厳を促進する、④勇気をもって取り組む」など、社会貢献を伴うＣＳＲ（企業の社会的貢献活動）にも大きな影響を及ぼす存在へと進化しなければならない。

介護の社会化を義、介護サービスを地域の利（器）ととらえ、介護現場の第一線で働く介護従事者の1人ひとりが地域で暮らし続ける要介護者を支える一員としての自尊と自負を備えるには、希望と意欲を十二分に引き出せる人材定着の仕組みを取り入れた制度設計が不可避。

競争（走）社会から協奏、共走、そして共に創る「介護の社会化の共創」。国、保険者、事業者それぞれに超高齢社会での〝先義〟の役割が試されている。

(1) Corporate Social Responsibilityの略。

商いは飽きない笑売

縁尋機妙
（えんじんきみょう）

よい縁《えにし》とは、それを真剣に尋ね求めていくと、不思議なくらいに絶妙の機会によって縁が縁を導いてくれるという意味。

縁の気づき方、活かし方

縁尋機妙・多逢《たおう》聖因《しょういん》という仏教の言葉がある。

多逢聖因とは、「縁によって出会うことのできた人との絆が因となって、己が為すべき社会的な役割を発揮することができる」という意味である。

数年前の正月、ある宅老所の代表が職員と、近くのホームセンターに立ち寄った折の話である。

エプロンを選ぶ青年の姿を見つけた代表は、いつものお節介《せっかい》心が出て、探すのを手伝ってあげた。

最初は、母親へのプレゼントかと思ったというが、ヘルパー講習を受講するため、自らが使うのだという。

彼の前職は、暴力団員。一念発起して、介護職に……。

その後、彼はこの宅老所で働くことができた。

同期には、ネクタイとスーツがよく似合う元住宅会社に勤めていたサラリーマン紳士もいた。

私の主宰する塾にも足しげく通ってくれた彼らが、今年の春から夏にかけて、新たに開設する2つの事業所の管理者として任されるまでに成長することができた。

代表は、「のれん商い」を実践したにすぎないというものの、のれんに傷をつけ、泥を塗って、その挙句《あげく》地に落としてしまっては、とても「のれん分け」など、夢のまた夢である。

昨今、人手不足に悩む事業所も少なくない。

『柳生《やぎゅう》家の家訓』には「小才は縁に出会ひて縁に気づかず、中才は縁に気づいて縁を活かせず、大才は袖《そで》振り合うた縁をも活かす」とある。

人財の確保（発掘）は、トップが出会った人との縁の気づき方、気づいた縁の活かし方であり、その縁は少しのチャンスをも見逃さないという「縁尋機妙　多逢聖因」の心がけ次第ということか。

春夏冬　二升五合

2人の門出を祝って、「あきない[1]」という詩を贈った。

商売はあきないという
それはおもしろくて
しかたがないから
あきないなのだ
いつもおもしろいから
笑顔がたえないから
「笑売」となる
「いらっしゃいませ」
「ありがとうございます」
いつも活発だから
「勝売」となる
商売をおもしろくないと
思っているとすぐあきる
いつも不平不満や
愚痴がでて心が次第に
傷ついて
「傷売」となってしまう
こんなお店には
そのうち
誰もよりつかなくなり
「消売」となって消えてしまう
「笑売」をしているのか
「傷売」をしているのか
「勝売」をしているのか
あきない商売をしているのか
春夏冬《あきない》　二升五合《ますますはんじょう》

自分の性格にもアキナイこと。
性格は変わらずとも、意識することによって態度は変わる。
強《したたか》に健《したたか》であれ。

（1）『清水英雄詩集』より。

固定観念にとらわれない

上善如水
（じょうぜんはみずのごとし）

水のように逆らわない生き方、なすがままにしてこそ失敗から免れるという意味の老子の言葉。

セレンディピティー的思考

「セレンディピティー[1]」という言葉がある。

インドの東側にある島国、スリランカを舞台とした童話『セレンディップの三王子』に由来する。

セレンディップ王国時代、3人の聡明な王子が、航海に出て見聞を広めたいと父王に申し出る。当時、国を悩ませる龍《りゅう》がいた。王は、龍の退治方法を探すという条件つきで認め、王子たちは緻密《ちみつ》な計画を練り上げて意気揚々と船出した。だが、暴風雨に遭い、海賊《かいぞく》に襲《おそ》われ、次々とアクシデントに見舞われる。予想をはるかに越えた体験を幾度となく繰り返した。なんとか大航海から戻ったが、肝心な王の命令は果たせられなかった。しかし貴重な経験を積み、見事に逞しく成長した姿を通して、求めていた以外のものが得られたことに王も王子たちも満足した、というのが大筋である。

このたとえから、次の3点を指して「セレンディピティー的能力」という。

1　狙ったものよりも、その横にもっとおもしろい発見をする能力
2　今までわかっていたのに気づかないことが明示化される能力
3　これまでの結びつきではない、別の結びつきを見つける能力。

固定概念で覆われて閉塞状態から抜け出せない介護現場があるとしたら、「セレンディピティー的能力」を引き出すための創意工夫を講じてみるとよい。

変幻自在な柔軟性という能力

「セレンディピティー的能力」を介護サービスに置き換えるとしたら、困難を乗り越えながら宅老所というサービス形態を認知させたような能力（＝偶然を必然に置き換えた能力）といってよい。

たとえば、早朝対応型デイサービス（7時～13時）、夜間対応型デイサービス（15時～21時）などと、とらえてみるのはどうであろう。

時代の変化は、世代が様変わりするからである。世代の様変わりは、生活様式（ライフスタイル）の大変動であるといってよい。

となれば、通勤対応型デイサービスが登場したとしても、なんら不思議なことではない。

水は、丸い容器に入れると丸く、四角い容器に入れれば四角へ変わる。逆らわず、いかようにも体制を変える変幻自在な柔軟性という能力をもち合わせているのが水である。

しかし、人は、友人や環境によって善くも悪くもなるという意をもつ「水は方（＝四角）円（＝丸）の器に従う」という格言がある。人々の善悪は、国を動かす人やその政治の善悪によるとの解釈もある。

物事の考え方、思考そのものが既成概念や固定観念に縛られていると、時代の変化から取り残されてしまうばかりである。仮に、成功体験にとらわれてばかりいては、機敏な対応などができなくなる。

思考そのものを水と同じように常に柔軟にしておかなければならない。

たとえば、「水心あれば魚心」と「水魚の交わり」となっても、「水清ければ魚棲まず」と「水が合わない」こともあれば、「水に慣れる」ことも大事であるとばかり「水も漏らさぬ」ような「背水の陣」を敷くことは、「上手の手から水が漏れる」ともなりかねず、「水と油」は「焼け石に水」。「水に流す」どころか「水の泡となる」ばかりか「覆水盆に返らず」となる。

誰もが「水を得た魚のよう」にふるまえるようになるためにも、「上善如水」と自ら水に学ぶことを怠ってはならない。

（1）思いがけない発見、掘り出し物を見つける才能。serendipity。

将来に向けた新たな取り組みを

自我作古（じがさっこ）

「われより古《いにしえ》を作《な》す」と読み、これから自らが何かを行おうとすること、それは昔から受け継がれてきたものや考えを大切にしつつも、前人未到の新しい分野を切り拓くという覚悟をもたなければならないというのが、その意。

夢あるものは希望がある

２０１２年４月、第５期介護保険事業計画がスタートした。

21世紀の超高齢社会に向けて「介護の社会化」と掲げて２０００年に始まった介護保険制度は、１期３年の計画を４期続けて12年目を終え、干支で言えば一巡したことになる。

これまでの12年間を締めくくるとともに、これからの12年間を新たに踏み出していくうえからも、介護報酬改定への関心は高まっていた。

だが、「２０１２年度介護報酬改定においては、介護職員の処遇改善の確保、物価の下落傾向、介護事業者の経営状況、地域包括ケアの推進等をふまえ、改定率を＋１・２％（在宅＋１・０％、施設＋０・２％）とする」と厚生労働大臣が記者発表したのは、２０１１年12月21日のこと。

しかし、別枠で予算を確保していた介護職員の処遇改善分を介護保険財政からまかなうため、実質的には０・８％程度のマイナスとなるとのもくろみが広がるなか、２０１２年1月25日に開かれた第88回社会保障審議会介護給付費分科会にて、12年度介護報酬改定案が示され了承された。

プラス改定へと報酬の評価を上げたのは、訪問看護と在宅復帰支援型の施設として①体制要件、②在宅復帰要件、③ベッド回転率要件、④重度者要件を備えた強化型介護老人保健施設など、ごく一部。

多くのサービスは、「介護サービス提供の効率化・重点化と機能強化を図る観点から、各サービス間の効果的な配分を行い、施設から在宅介護への移行を図る」

と、なぜか介護報酬《ほうしゅう》の基本単位をマイナスに引き下げられてしまった。

夢あるものは　希望がある
希望あるものは　目標がある
目標あるものは　計画がある
計画あるものは　行動がある
行動あるものは　実績がある
実績あるものは　反省がある
反省あるものは　進歩がある
進歩あるものは　夢がある

この時期、訪問先の介護事業所で目に留まった言葉が、これである。

介護報酬の改定を改（怪）悪と訝《いぶか》しがる向きもあったが、「夢」や「希望」を見失っては前には進めない。

新たな境地を拓《ひら》く勇気

２０１２年1月30日、国立社会保障・人口問題研究所から60年までの新しい推計人口が発表された。

50年先、人口は４０００万人以上も減って、今の約３分の２にまで減少した社会へと変わる。

「自我作古」は、中国の『宋史』に出典があるといわれる。

前人が経験したことのない超高齢社会と人口減少社会は、今を生きる誰にとっても踏み込んだことのない未知の領域だからこそ、自らが新しい歴史の1ページを記していくという気概をもって、予想しがたい困難や試練にも耐えながら新境地を切り拓くための勇気と使命感を発揮する覚悟が必要だ。

たとえば、介護サービス提供の効率化・重点化と機能強化を図る観点から、農協や漁協にならって事業協同組合化へと一歩踏み込んだ経営基盤の強化に取り組むのも一計である。

自らが〝生き残る〟戦略から、地域に必要とされ期待される事業者として、競争・競走から共創・共走へと枠組みを転換することで〝価値残る〟戦略を具体化していくという選択肢も経営判断の1つ。

「夢あるものは希望がある」と。

時代の新たな動きを取り入れる

苛政猛虎

（かせいもうこ）

民のことを考えない政治は、虎よりも恐ろしいという故事。

世を経《おさ》め民を済《すく》う

「苛政猛虎」の故事が『礼記』にある。

孔子が泰山《たいざん》（中国五岳の1つ）の麓《ふもと》を通り過ぎる折、近くの墓前で哭泣《こっきゅう》(1)する婦人が目に止まった。

弟子の子路《しろ》に命じて、その婦人に尋ねさせた。

「あなたの哭泣には、何か深い心配事があるのですか？」

「はい、その通りです。以前は舅《しゅうと》が虎に殺され、続いて夫、今度は子どもが。次は私……」

「それは危ない。なぜ、他の土地へ移らないのですか？」

「この辺では、苛酷《かこく》な政治が行われていないからです」

この会話を聞いていた孔子は、弟子たち向かって口を開いた。

「諸君、よく覚えておくがよい。酷《むご》い政治は、民にとって虎よりも恐ろしいということを」

２０１０年10月26日、第１７３回臨時国会の衆議院本会議にて就任後初の所信表明演説を行った鳩山由紀夫元首相は、「人間のための経済へ」という言葉を３回も用いた。

経済の語源は、隋代《ずいだい》の王通《おうとう》が記した『文中子《ぶんちゅうし》・礼楽篇』の「経世済民《けいせいさいみん》（世を経め民を済う）」にある。

今日でいう経済学の領域を越えて、政治学や社会学などを広範にとらえ、１人ひとりの民の暮らし方に踏み込んだ意が含まれていることをわかっていたのであろう。

52分の演説には、「国民」の2文字が47回も使われていた。

新しい酒は新しい革袋に

2010年のNHK大河ドラマは「幕末史の奇跡」と呼ばれた風雲児・坂本龍馬《りょうま》33年の生涯を、三菱グループ創始者・岩崎弥太郎《やたろう》の視点から描いた「龍馬伝」であった。

土佐藩《とさ》（現在の高知県）、高知城下に町人郷士《ちょうにんごうし》・坂本家の次男として生まれた龍馬は、江戸に出て桶町千葉道場《おけまちちば》（東京駅の近く、現在の八重洲ブックセンター裏）で北辰一刀流《ほくしんいっとう》の免許皆伝《かいでん》を許され、塾頭を務めるほどの剣客だった。

身長は180㎝と大柄にもかかわらず、なぜか普通よりも短い刀を差していた。

龍馬を尊敬する同郷の士・桧垣直枝《ひがきなおえ》は、これをならって短い刀を差したという。

ある日、龍馬に会うと、「刀の時代は終わったよ。俺はこれさ」と、ピストルを見せてくれた。

慌《あわ》てた桧垣は、何とか工面《くめん》してピストルを持つようになった。

すると今度は、「これからの世はこれさ」と、懐《ふところ》からあるものを取り出した。それは、新式拳銃ではなく『万国公法《ばんこくこうほう》』であった。

時勢に敏感であるばかりか、過去に執着することもなかった。

「常に眼差しを未来に向けていた」ということを知るための大事な逸話である。

21世紀の超高齢社会に基づいた社会保障基盤整備の再構築が〝焦眉《しょうび》の急〟(2)となっている。

社会や時代の新たな動きを取り入れるには、従来の仕組みと運用に大胆な見直しが不可避である。

『マタイ福音書』には、「新しい皮袋には、新しい酒を入れよ。新しい酒を古い皮袋に入れてはならない」との箴言《しんげん》がある。

古い皮袋という柵《しがらみ》から抜け出るためにも、「蝉蛻《せんぜい》」(3)が避けられない。

（1）親族の死を弔って泣き叫ぶ礼のこと。
（2）差し迫った危難または急務のこと。
（3）180頁「蝉蛻龍変《せんぜいりゅうへん》」参照。

経営の再構築を図る

遡源湧源
（そげんゆうげん）

> 湧源という新たな知恵を湧き興して、遡源の浄化を行うということ。筆者による造語。

遡源は財源にあらず、今こそ湧源を引き出せ

遡源湧源。自ら創作した言葉を用いて、介護保険の再生に一石を投じる機会となれば幸いである。

遡源は、源に遡ること。事の本質を究めることを指す。

湧源は、泉の源のこと。湧き出る泉の元を指すという意味があるとして、数学者広中平祐《ひろなかへいすけ》が常用する言葉の1つである。

「介護の社会化」と注目を浴びた介護保険制度も施行から10年以上が経過した。何のための、誰のための介護保険として発足したのか。遡源はいつの間にか、制度の「持続可能性」を大義にかざした財源という藻に覆われて、事業者も利用者も息苦しくなってきた。事の本質が揺らいでいるといわざるをえない。遡源湧源が必要である。

療養病床の削減に躍起《やっき》の当局が、改正医療法上の医療法人制度のあり方にメスを入れるのは時間の問題といっていいだろう。

事業者は、経営の再構築を図るべく、次の3点を洗い直すことが喫緊の課題ではなかろうか。

1　あるべき姿を再構築するためのビジョンを洗い直すこと。

2　やらねばならぬことを明確にするミッションを洗い直すこと。

3　腹をくくって実践するコミットメントを洗い直すこと。

そのうえで、介護、医療にかかわるトップ、リーダーは、疾病と疾患の大家に安閑《あんかん》として納まるのではなく、自らの人間力の研さんと向上、人財育成の腐心に一意

専心すべきであれと、強く問いかけたい。

中国・春秋時代の名宰相・管仲の著と伝えられる『管子』のなかに、人財育成に触れた名言がある。

「1年の計は穀を樹《う》うるに如《し》くは莫《な》く、10年の計は木を樹うるに如くは莫く、終身の計は人を樹うるに如くは莫し」

1年の計は穀物を植えるに及ぶものはなく、10年の計は木を植えるに及ぶものはなく、終身の計は人を植えるに及ぶものはない。

人は、一朝一夕には育たないものである。知識、能力は、ある程度時間をかけて蓄積しなければモノにはならない。高齢者介護には、自らが加齢に伴う身の周りの変化から理解ができるという特徴もある。

急いで芽を出すのではなく、まずは大地に根を張ることを忘れてはならない。

経営（継栄）のツボ

「これが道だと説明できるような道は、本物の道ではない」

英語圏では「タオ（ＴＡＯ）」として親しまれている『老子』の冒頭に記された文言である。

道は、人が歩く路もあれば、法則、道理、方法、行程、人の踏み行うべき道徳規範、特定分野を極めるものものである。決まった軌道を歩む道もあれば、自ら踏み固める道もある。

「介護経営の道」
介護経営の道は険しい道だ
嫌な道とせず　健やかな道を目指せ
自分で選んだ道だから
険道《けんどう》を嫌道《けんどう》と捉えず　健道《けんどう》とすべし
人の道、親子の道、夫婦の道
人間関係の道も　皆　同じだ　（筆者作）

ツボは、「ここと見込んだ急所のこと。灸《きゅう》をすえて効果があがる所」という意味があると辞書にはある。鍼灸《はりきゅう》では、ツボのことを経穴《けいけつ》と呼んで、その数はＷＨＯで約３６０か所と定められたようだが、一説には１０００か所もあるともいわれている。

経営（継栄）のツボは、人体のツボの数に劣らぬくらいあるのだろうかと、湯の盤の銘を思い浮かべて常《じょう》在学場《ざいがくじょう》を刻む日々が続く。

目標をかかげ課題をもつ

忘己利他

（もうこりた）

日本に仏教を伝えた最澄《さいちょう》（後の伝教大師《でんきょうだいし》）の言葉。「悪事を己《おのれ》にむかえ、好事を他に与え、己を忘れて他を利するは慈悲《じひ》の極みなり」という意味。

汗をかく！

『論語』には、どんなにつまらないことからでも何かを学ぶ（習得する）ことができるものだという意味の「これを為《な》すは猶《な》お已《や》むに賢《まさ》れり（陽貨17）」という言葉がある。

その前文には、「飽くまで食らいて日を終え、心を用うる所なし、難《かた》いかな。博奕《ばくえき》なる者あらずや」とある。

「毎日、腹一杯食べて一日を終えるだけで、何の心の潤いももてない人生は実に困ったものだ。賭け事で勝負に熱中する遊び人のほうが、何もしないでいる人よりもまだましだ」というのがその意となる。ぶらぶらと何もしない弟子に対し、皮肉を込めて孔子が語ったのである。

果たして、弟子は「心を用うる」との示唆に気づけたであろうか。

私たちは、毎日をどのような心の用い方をして過ごしているだろう。それは、現在をどう意識して生きるかということにもつながる。「目標」から「現在」を引き算すれば、「課題」が見えてくる。(1) 仮に「目標」を掲げることができたとしても、「飽くまで食らい……」の「現在」であったとしたら、「課題」などとても容易に見えるわけがない。「現在」を知るには、がむしゃらに〝汗をかく！〟ことを勧めたい。

汗は、必ずしも体力を使うからかくものであるとは限らない。「精神性発汗(2)」の作用から、冷や汗、脂汗をかく場合も少なくない。

たとえば、実習先の介護施設で手足が湿って汗をかいたこと。入居者の家族から苦情を受けて手が汗ばみ、首や鼻の先に汗がにじみでていたこと。いずれも、精神的に緊張した状態にあって、手のひら、足の裏、腋の下などから汗をかくのである。

管理者は、自らが過去に流したこのような汗の実体験を通して、どのように「心を用うる」ことに腐心《ふしん》したかということをスタッフ全員にしっかりと伝えることも大切な介護研修の1つになるのではないだろうか。

「お・ま・え・は・ひ・よ・こ」とは！

「忘己利他」という考えは、要介護者の生活支援のため（好事を他に与え）、当人の喜びにつながる介護サービス（悪事を己にむかえ）を提供することを真摯に受け止める介護スタッフにもあてはまる。

開設者のなかには、己を忘れて他を利するという「忘己利他」の「心を用うる」という精神を漲《みなぎ》らして事業所を立ち上げた者も少なくない。

ところが、慈悲の極みも介護報酬の頭打ち、スタッフ確保の難しさ等々から、「もう……、（当局には）懲りた……」との厭世観《えんせいかん》さえ漂う。

経営の効率化と収益力向上（好事を己にむかえ）しか眼中にない事業者が、要介護者への家族合意の身体拘束《こうそく》や虐待（悪事は他に与え）も止むなしと勝手放題があってはならない。

介護事業者は、何にも増して経営者自身の品質を評価する仕組みがすっぽりと抜け落ちていることが課題ではなかろうか。

転じて、身体、才能、学問、技術などが十分に発達していない者、一人前でない者のことをいう。

「お・ま・え・は・ひ・よ・こ」であろうか？

（お）愚かな人か？
（ま）間違いだらけの人か？
（え）エゴイスティック（利己的）な人か？
（は）恥ずかしい（ほど人間ができていない）人か？
（ひ）卑怯《ひきょう》な人か？
（よ）幼稚で身勝手な人か？
（こ）滑稽《こっけい》な人か？

さて、結果は如何《いかん》。

（1）180頁「蝉蛻龍変《せんぜいりゅうへん》」参照。
（2）汗は、「精神性発汗」「温熱性発汗」「味覚性発汗」の3種類がある。

因循姑息
（いんじゅんこそく）

古いやり方に固執し変えようとしない、あるいはその場しのぎの方法で乗り切ろうとすること。または消極的にいつまでも迷っているさま。

この街で

「信じろ　自分の　可能性」

粋な言葉が、眼に飛び込んできた。松山の市電に貼られたコピーである。

２０００年６月、市民による「松山21世紀委員会」が発足。

新世紀１００年のスタートにあたる01年は、俳人正岡子規没後１００年。

翌年、松山城築城４００年の節目を迎えるにあたって、文化的、歴史的な風土を生かした「人づくり」・「ものづくり」・「ことづくり」による新たな街の活性化、にぎわい、文化づくりを創出することを目的としたイベント事業の一環として始めた「21世紀に残したいことば、あなたのことばで元気になれる『だから、ことば大募集』」に寄せた作品の1つだ。

この活動を通して『この街で①』という歌も生まれた。

２００５年３月３日、社団法人日本ペンクラブ「平和の日・松山の集い」が開催。

市役所ロビーに掲げられた、「恋し、結婚し、母になったこの街で、おばあちゃんになりたい！」（作：桂綾子／『だから、ことばの大募集』で市長賞を受賞）に感動した新井満が、三宮麻由子のピアノ伴奏にのせて即興で歌ったのである。

売り手よし、買い手よし、世間よし

江戸時代に活躍した近江《おうみ》商人（現在の滋賀県）の商道徳の姿勢を表すことばとして、「売り手よし、買い手よし、世間よし」の３つを合わせた「三方《さんぽう》よし」がある。

商《あきな》いは、売り手と買い手の売買当事者に限らず、取引自体が世間（社会）からも〝よし〟と認められなければならないという考え方（とらえ方）を示したもので、商いの精神として語り継がれている。

歌が芽吹いた松山は、〝街はことばのミュージアム〟へと活動が根づいた。

「介護の社会化」の喧伝とともに登場した介護保険制度は、21世紀のわが国の超高齢社会を見据えた施策にもかかわらず、色あせた感が否めない。

介護報酬改定の足跡をたどれば、その場しのぎの「因循姑息なやり方」といわざるをえず、10年、20年先の展望を拓（開、披、啓）く道のりは険しい。

「盤根錯節《ばんこんさくせつ》に遇《あ》わずんば、なんぞもって利器《りき》を別《わか》たんや」である。(2)

利器の利は、利己・私利として用いるものではなく、利他・他利のためにと。地域の地にこそ〝地の利〟があり、断じて〝人の和〟を欠いてはなるまい。

「介護の社会化とは何か？」を問い正すための〝天の時〟は今と、古則《こそく》の智慧《ちえ》を奮い起こすことが肝要である。

「因循姑息」の蔓延はびこりが心配だ。

（2）38頁「盤根錯節《ばんこんさくせつ》」参照。

『この街で』(1)

この街で生まれ　この街で育ち
この街で出会いましたあなたと　この街で
この街で恋し　この街で結ばれ
この街でお母さんになりました　この街で
あなたのすぐそばに　いつもわたし
わたしのすぐそばに　いつもあなた
この街でいつか　おばあちゃんになりたい
おじいちゃんになったあなたと　歩いてゆきたい
坂の上に広がる　青い空
白い雲がひとつ　浮かんでいる
あの雲を追いかけ　夢を追いかけて
喜びも悲しみもあなたと　この街で
この街でいつか　おばあちゃんになりたい
おじいちゃんになったあなたと　歩いてゆきたい
この街でいつか　おじいちゃんになりたい
おばあちゃんになったあなたと　歩いてゆきたい
いつまでも好きなあなたと　歩いてゆきたい

作用機序

（さようきじょ）

薬物が生体に何らかの効果を及ぼす仕組みや、メカニズムといったことを意味する薬理学の用語。

働きを及ぼすことの仕組み

アルツハイマー型認知症に用いられるアリセプトの作用機序については、次のように記されてある。

「アルツハイマー型認知症では、脳内コリン作動性神経系の顕著な障害が認められています。ドネペジル塩酸塩（アリセプト）は、アセチルコリン（ACh）の加水分解酵素であるアセチルコリンエステラーゼ（AChE）を可逆的に阻害することにより、AChの分解を抑制し、作用部位（脳内）でのACh濃度を高め、コリン作動性神経の神経伝達を促進します[1]」

要約すると、アルツハイマー型認知症の症状は、脳内の伝達物質であるアセチルコリンが少なくなることで発症するため、これを分解するアセチルコリンエステラーゼを阻害するためにアリセプトを用いる。アリセプトが、アセチルコリンエステラーゼに作用することを、作用機序というのである。

このような薬剤の作用の仕組みを知ることで、認知症の治療に役立てるという発想は、人財育成にも応用すべきである。

干し柿づくりの〝作用機序〟

主宰塾はここ数年、「干し柿づくり研修」に取り組んでいる。研修の順序と、各ステージでのポイントは、次の4点になる。

①干し柿用の柿を集めること

これを実践するには、いつ、どこへ、誰が、どのようにして柿を集められるのかをきちんと把握することが求められる。

②柿の皮むきを行う
集めた柿の皮むきは自分たちで行う。これには、どこで、誰がむくのか、利用者や地域をどのように巻き込めるか工夫が必要になる。
③吊るして干し柿にする
吊るし方や縄の結び方、むいた皮の再利用方法などについては、可能な限り利用者から教わるようにする。
④干し柿は、多くの人にふるまう
仕上がった干し柿は、茶話会《さわかい》などを開催して近隣の住民にふるまうなど、干し柿づくりが地域交流の潤滑油となるようにする。

この研修では、利用者(特に認知症の方)が培った知識や技術を再び活かすことも期待できる。

「市田柿」の産地である、南信州の塾生が「市田柿の歌」[2]を紹介してくれた。

1　私しゃころ柿　市田の生まれ
　信州伊那谷　天竜育ち
　色気づいたら　むしられ取られ
　皮をむかれて　丸々裸
2　糸に吊され　干されて二十日
　やせる思いの　この身のつらさ
　やがておろされ　もみもみされて
　売られゆく身は　うっすら化粧
3　箱につめられ　車にゆられ
　西や東の市場で売られ
　知らぬお方に　口づけされて
　消えるこの身は　恥ずかし　うれし

どうだろう。干し柿づくりは地域のあるべき姿への「作用機序」になるのではなかろうか。オレンジプランならぬカキプラン(「干し柿づくり研修・チャレンジプロジェクト」)である。

今後の事業と地域のあり方を腐心されるトップがいたなら、干し柿づくりの「作用機序」を試してみることをおすすめしたい。

(1) アルツハイマー型認知症を支えるアリセプトのサイトから引用。
http://www.aricept.jp/index2.html
(2) 熊崎彦雄の詩『心に太陽　唇に歌　高森町(長野県下伊那郡)老人大学愛唱歌集』より。

正しいことを見極める方法

思慮分別
（しりょふんべつ）

物事の道理をよくわきまえ慎重に考えて常識的な判断をすること。

なるほど、これか！

ある年の夏、感動、感激、感銘、感服、感得……と、カンカンづくしのグループホームに出会った。

ホームの座敷を覗くと、ビニール袋に詰め込まれたオクラが山積みされていたのにはビックリさせられた。2ユニット分の食材にしては、食べきれないほどの量である。4人の入居者は、1袋10個ずつ、ていねいにサイズを仕分けてオクラをビニール袋に詰め込む作業を終えたばかり。

聞けば、近郊の農家が今朝、摘み取ったばかりのオクラをカゴに入れて運び込んだものだという。市場に出荷する前の袋詰め作業を入居者が請け負って、仕分けの作業を座敷で行っていたのだった。この作業に参加できる入居者は数名に限られるものの、1人あたり月に5000円程度を稼ぐアルバイトである。

従来のホームが取り組んできた入居者へのアプローチの多くは、家庭的な雰囲気のなかで1人ひとりの役割と残存能力を共同生活のなかで再構築していくというものだっただけに、画期的といわざるをえない。認知症の人でも袋詰め作業が行えるし、数も数えられる。

この作業①を通して、地域の人の役に立つという自信も深まるとともに、手間代として得たお金が、孫のお小遣いや自身のおやつ代など自由裁量で使える楽しみにつながって、暮らし方に潤いを増してくる。

内職ができるグループホーム。「ああ、なるほど！」②「そうか、これか！」。気づきの本質を無理なく科学した介護現場に脱帽である。

君子に九思《きゅうし》あり

私たちの日常的判断は、「こうあるべきだ」という物差しをもっているようでいて、意外にもち合わせている人は少ないようだ。

『論語（季氏16）』には、「学問も人柄も優れた君子といわれる人物には、特に注意しなければならない九つの要諦がある」と記してある。

1　視思明　ものを見ようとする場合、間違いなく明らかに見ること。
2　聴思聡　ものを聞こうとする場合、正しく聞き分けること。
3　色思温　自分の顔色は、いつも温和を保つこと。
4　貌思恭　態度は、いつも恭しく、慎みあるようにすること。
5　言思忠　言葉には嘘がないこと。
6　事思敬　事を執り行う場合、謹んで間違いのないようにすること。
7　疑思問　自分がわからないことは、どんなことでも問い質すこと。
8　忿思難　怒りの感情が起こった時、それによる後々の災難まで気を使うこと。
9　見得思義　利益が得られるような場合、それを得ることが道理に叶った正しいことであるかどうかまで考えること。

略して「君子有九思」の〝思〟とは、思慮分別を指している。

「誰が正しいのかではなく、何が正しいのか」という判断には道理や法則性があり、これを慎重に思慮しながら無理なく行動することがリーダーの務めであり、そのために自省すべき項目が説かれてあると理解すればよい。

理不尽な言いがかりや振る舞いに対しては、怯《ひる》んだり、臆《おく》することはない。

自身の〝内（私欲）と外（外見）〟に邪魔されず、9つの〝思〟を倦《う》まず弛《たゆ》まず磨き続けて、思慮分別を高めたい。

（1）四季を通して商品作物の袋詰め軽作業が行われている。
（2）74頁「中心転換《ちゅうしんてんかん》」参照。

毋憂払意（かんゆうふつい）

思い通りにならないからといってくよくよしてはならないという意味。

世帯構成は家族から個族へ

「日本の世帯数の将来推計」（国立社会保障・人口問題研究所）の２０１３年１月推計では、10年には「単独（１人暮らし）世帯（１６７９万世帯・32・４％）」が「夫婦と子供世帯（１４４７万世態・27・９％）」を抜いて初めてトップに躍り出たと報告されている。ちなみに、同年の総世帯数は５１８４万世帯である。

１９８０年には、「夫婦と子供世帯」が42・１％（１５０８万世帯）と多数を占め、「単独世帯」はわずか19・８％（７１１万世帯）にすぎなかった。

総世帯数は、２０２０年に５３０５万世帯まで増えていくが、２０２５年に５２４４万世帯に減る。２００５年に始まった人口減少から20年遅れで世帯数も減少に転ずるのである。

一方、「単独世帯」は２０３０年まで増え続け、１８７２万世帯で、全体に占める割合は36・３％となる見込みだ。

また、「高齢者世帯（世帯主65歳以上）」は２０１０年の１６２０万世帯（31・３％）から２０３０年の２０１１万世帯（39・３％）へ、「高齢者単独世帯」は４９８万世帯（９・６％）から７３０万世帯（14・２％）へと、それぞれ増加する。

わが国の家族類型は今後、「夫婦と子供世帯」が後退し、代わって「単独世帯」が台頭、世帯構成も家族から個族になることで、家族観にも変化が生じる。

当然、世帯主の高齢化を見据えた新たな視点が求められるようになる。

期待される介護産業となるには

介護保険制度の創設期、〝家族が担ってきた介護〟を広く社会共通の課題として認識し、実際の介護（ケア）を担う社会資源（サービス）を税と保険料を中心に拠出した財源によって、〝社会全体が担っていく〟ものと説明された介護の社会化であったが、今後、「家族が社会の基礎単位」という世帯のあり方そのものが家族から個族にシフトし、高齢者世帯主が台頭するという世帯パラダイムの到来を見据えた制度設計の再構築を行わなければならない。

とはいえ、期待される介護産業であるためには、次の視座を確立するという自助努力が必要だ。

1　地域密着の地場産業（歴史、文化、伝統、方言などに基づく地域固有の暮らし方の積み重ねを継承してゆく）

2　心豊かな人が集う人財産業（人財が礎。人を育む後継者の育成を大切にする）

3　暮らしを支える生活産業（刻一刻、日々、歳々によって変わる状態像を支える）

4　超高齢社会を担う社会貢献産業（住み慣れた地域で、いつまでも暮らし続けるという人の尊厳を支える自負）

処世の道を記した『菜根譚《さいこんたん》』の一節に「毋憂払意（払意を憂うことなかれ）。毋喜快心《かんきかいしん》（快心を喜ぶことなかれ）。毋恃久安《かんじきゅうあん》（久安を恃《たの》むことなかれ）。毋憚初《かんだんしょ》難《なん》（初難を憚《はばか》ることなかれ）」とある。

その意は、「思い通りにならないからといってくよくよするな。思い通りになるからといっていい気になるな。今の幸せがいつまでも続くと思うな。最初の困難にくじけて逃げ腰になるな」である。

人生は、先行き何が起きるかわからない。ことあるごとに一喜一憂しているようでは、とても褒められた生き方とはいえない。

今こそ介護産業の視座を確立すべきと括《くく》る。

コラム

100年後の未来を描く

●100年後の重要文化財

2006年のNHKの大河ドラマは「功名が辻」(司馬遼太郎原作の歴史小説のドラマ化)であった。

主人公の山内一豊《やまうちかずとよ》(後に土佐・高知24万石の大名に出世)は、賢妻・千代の内助の功により、織田信長の家臣を皮切りに、豊臣秀吉、徳川家康という戦国時代の覇者3代に仕える。秀吉から遠州・掛川5万石の城主に命ぜられ、天守閣の建造、大規模な城郭修築、城下町の整備などを行ったのが45歳の時。その後、東軍・家康側に従って関が原の戦いで功を収め、55歳で高知城主へ。その治世は、明治維新に至るまで16代、260余年に及んだ。

一豊が築いた掛川城の天守閣は、1854(嘉永7)年の大地震の被害を受けて取り壊されたものの、1994(平成6)年に復元することができた。

全国で約50か所に及ぶ天守閣の復元は、その大半が建築基準法の制約などから鉄筋コンクリートによるもの。

江戸時代に天守が焼失した後、幕府への遠慮や財政難から再建できないまま、天守台だけを残しているという城跡が少なからずあるのは、従前の天守を復元するだけの資料が揃っていないという実情がある。

掛川城の天守閣を復元することができた背景には、一豊が記した古文書に、天下を治めた家康から許され高知での築城に当たる際「掛川と同じ」との記述があったため、高知城を復元の根拠とすることができたことがある。高知城を模して完成した平成の掛川城は、樹齢250年のヒバ材を使用し、伝統の技法を駆使して原型をほぼ再現した。

この発端は、一市民が多額の寄付金を申し入れたことによるという。復元城に注がれた地域の意気込みは、「100年後の重要文化財」と格調が高く、本格的な木造建築としても高い評価を集めている。

改正介護保険法では、新たなサービス体系の確立の目玉として居住系サービスの充実とともに地域密着型サービスが創設された。改正法の規格仕様に固執せず、「１００年経っても地域の資源」として活用し続けるための創意工夫を自ら啓発することで、継続して栄える地域社会の再形成を促すことこそ肝要である。

●ハスの葉の教訓

中国の古典『戦国策』には、「愚者は成事に闇く、智者は未萌に見る」と先見力をひもとくためにたとえられる有名な言葉がある。愚かな者は、物事が形となって現れてきてもまだその動きにさえ気づかない。智のある者は、物事がいまだ萌《き》ざさないうちにその動きを察することができる、というのがその意である。

「未萌に見る」という語彙の理解を深めるには、「ハスの葉の教訓」というたとえ話を覚えておくのも悪くはない。

「ある池のハスの葉は、毎日2倍の勢いで増え続ける。この勢いを放置すると30日で池を埋め尽くし、水中生物を窒息死させてしまう。多くの人は、池の半分を覆ったところで、この異変に気づいた。さて、何日目のことか？」というのが話の大筋である。

答えは、30日目で池を覆いつくすハスの葉の勢いを逆算すればよい。1日で2倍だから、その前日が半分。つまり、29日目。2日前の28日目は4分の1、3日前の27日目は8分の1。5日前の25日目は、32分の1にあたる3％の状態でしかない。

ともすれば、変化を受け入れるのが苦手で「成事に闇く」なりがち。「視・観・察」を高め、地域の兆しを見過ごすことなく「未萌に見る」ことができる智者の輩出が望まれる。

中国の古典『老子（第32章）』には、「足るを知る者は富む。強つとめて行う者は志有り」とある。真の豊かさを知るには、目標に対して強めて行う志がなければならないというのがその意である。有史以来、超高齢社会の急な上り坂を本格的に駆け登るのは、むしろ、これからが本番だ。

あとがき

会津藩（現在の福島県会津地方）の松平家五代藩主・容頌《かたのぶ》の下で辣腕を振るった家老田中玄宰《はるなか》の藩政改革の1つ、学制改革によって生まれた藩士の学校、それが日新館《にっしんかん》（2013年NHK大河ドラマ「八重の桜」に登場）である。

1788（天明8）年8月、藩主・容頌は、家老田中玄宰の建議から、「学問を励み、文武諸芸を修めたものの登庸の基準」として、「六科《りっか》」「六行《りっこう》」の者を重用し、「八則」の者を退けると定めた「六科糾則《きゅうそく》の令」を発布した。

「什《じゅう》の掟《おきて》」で知られる「ならぬことは　ならぬものです」は、「会津武士の子はこうあるべき」と記した〝会津武士の規範〟である。前文は、7か条にわたって「～してはなりませぬ」と、してはならないことが示されてある（107頁参照）。これらは、日新館へ入学する前に子弟が守るべき約束事の序章に過ぎず、入学すれば「心得17か条」が待ち構えていた。

ここまで徹底した背景には、藩祖・保科正之（2代将軍徳川秀忠の庶子）が会津藩の憲法として定めた「会津家訓《かきん》15か条」があったからである。

特筆すべきことは、会社の経営理念や行動指針があったとしても、「このような人間になってはいけない！」と具体的に「八則」まで示した点にある。

「八則」の全文と現代訳に目を通してみよう。

一、言行を慎まずして父母を危くし、事へて順ならず、喪に居て哀戚《あいせき》の容なく、懶惰《らんだ》の行ある者

言うことと実際に行うことがいい加減で父や母を危険な目に遭わせ、周囲の出来事に関心をもたず、身内に不幸があっても悲しみの気持ちを現さず、怠《なま》けてぶらぶらしている者。

二、薄情にして家内親族和せざる者

思いやりがなく、家の中の者や親類縁者の人達と仲良くすることができない者。

三、兄弟に友ならず、師に循《したが》はず、長を侮り幼を愛せざる者

兄弟仲良くすることができず、生徒として先生の言うことに従わず、年上の人を見下したり、幼い子供をかわいがらない者。

四、言行信ならず面従後言し、或は男女穢褻《あいせつ》の行ありて、近隣朋友に疎まるる者

周囲の人から全く信用されず、その上、他人から何か指図された時に、表向きは人の言うことを聞いているふりをして、陰に回ると全然異なって不平を漏らしたり、あるいは、男女間のみだらな行為をし、近所の人や友達から嫌われている者。

五、怠惰残忍にして親戚朋友等の艱難痛苦を救恤《きゅうじゅつ》せざる者

怠け者で、むごい事を平気でする人間であり、親類縁者や友達がどのように困っていようとも、救ってあげようともしないし、お金や品物を差し出そうともしない者。

六、漫に浮言を造りて衆を惑はし、又非理なるを強弁し道理に従はず、其の行りて粉飾する者

やたらと根も葉もないことを言いふらし、周りの人達を困らせたり、また理屈にあわないことを強引に押し通したり、自分の間違った行為をうまくごまかそうとする者。

七、聖人の道を信ぜず、党を結び猥りに政令法度及び他人を排議し、世俗の浮説を信じて私智に矜り、弁舌をもって事を壊ぶる者

人格、徳行の優れた人の説いた内容を信じないで、自分勝手に悪い仲間をつくり、常に、社

会の秩序や決まりを批判し、あるいは他人を悪く言い、世間で言いふらされている楽な道を信じ、自分の判断だけでごまかしを言って、社会の秩序を破ろうとする者。

八、文武は相資し偏廃すべからざることを知らず、己が学ぶ所に執滞し、能を妬み技を誇り、猥りに偏執の心を懐く者

文学も武芸もお互いに相通ずるものがあるはずである。どちらか一方に偏ることはいけないものである。自分で好きなことだけ選んで、嫌いなことはやらず、それでいて、他人の能力を羨んだり、他人のすることにいちいち口出しをする者。

「慧眼（物事の本質を鋭く見抜く洞察力）の至り」とは、まさにこのことではないだろうか。「八則」から学びたいことは、「何をしてはならないのか！」ということをきわめて具体的に例示しながら、それが人間性に深く根差した性向（気質）を踏まえたものであること、人間の育成を目指すうえで、見過ごせないことを指摘していることにある。

わかりやすい箴言には、「かわいくば、5つ教えて、3つ褒め、2つ叱ってよき人とせよ」がある。ポイントは、叱らなければならないことが2つあるということ。

1つは、すべきことをしない。もう1つは、してはならないことをする（187頁参照）。

わかっているようでいて、自分基準に暴走を繰り返すという人も少なくはない。

1．人として、すべきことをする

2．人として、してはならないことはしない

とりわけ、〝してはならないこと〟を学んでこなかった人がいる。

改めて、「學は以て已むべからず」である。

ところで、連載タイトルの「経営（継栄）のツボ」の〝継栄〟は、経営との語呂合わせを意識しつつも、「経営は継続して栄える仕組みを作り上げること」であるという筆者の持論から用いている言葉である。

2010年9月8日、帝国データバンクが初めて行った「創業100年以上の長寿企業（個人経営、各種法人含む）実態調査」の集計分析結果が発表された。

創業100年以上の「長寿企業」は、2万2219社あり、うち347社（構成比1・6％）が上場企業だった（同年8月時点）。

創業がもっとも古かったのは、寺社仏閣建築の「金剛組」で西暦578年。上位7社までが業歴1000年を超えていた。

創業時期別では、100年～150年前が2万56社（構成比90・3％）、300年超は605社（同2・7％）、500年超は39社（同0・2％）であった。

また、『2011年版中小企業白書』には、「1980～2009年に創設された企業の創設後経過年数ごとの生存率の平均値を示すと、10年後には約3割の企業が、20年後には約5割の企業が撤退しており、新規企業は、絶えず市場に参入するが、創設後の淘汰もまた厳しいことがうかがわれる」と、手放しには喜べない企業の生存率を浮き彫りにした分析もある。

介護事業経営の場合、競争環境の激化から経営難に陥ることもあれば、事業継承や後継者問題に加えて指定取り消しなどから廃業することもありうる。

超高齢社会の本番は、高齢者人口が3500万人に達すると推計される2025年からのことであるが、高齢者のみならず企業も長寿大国であるというのが、わが国の特徴でもある。

米国流の経営マネジメントに精通するのも良いが、わが国の長寿企業から継栄のヒントを探るのも妙案であると考えているのだが、いかがであろうか。

最後に「処世訓」を記して終えたい。
一、人間万事塞翁が馬　目先のことに一喜一憂せず
今日の努めに全力を尽くせ
二、地に深く、誠の心の根をおろす人　花は根によってのみ開く
不平を言う前に自らを省み　感謝の心を持て
三、天は自ら助くる者を助くる　優勝劣敗は、この世の法則
条件が悪ければ、その分だけ努力せよ

人生50年といわれたのは、一昔前のこと。
本書の刊行に当たっては、50歳に入ると共に10年間にわたって「経営（継栄）のツボ」の連載でお世話になった『介護ビジョン』の歴代編集長と編集スタッフの皆様、本書の企画、編集、出版等々でご尽力をいただいた教育・出版事業本部の皆様をはじめ、株式会社日本医療企画の多くの方々からのお力添えをいただき、60歳となるその日に1冊の本としてまとめていただく機会を得たという栄誉に心より深く感謝の言葉を捧げたい。

2013年5月

早川浩士

●初出一覧

本書は、介護経営月刊誌「最新介護経営　介護ビジョン」の2003年6月の創刊前準備号~2013年6月号の連載に一部加筆修正をしたものです。

■ 心得編

P16　トップに必要な7つの資質　常在学場　2005年3月号
P18　みんな違っていて当たり前　知常日明　2009年3月号
P20　それぞれの人の良さを活かす　万象具徳　2010年8月号
P22　正しいこととは何か　克己復礼　2008年7月号
P24　改めるべきことは改める　顛倒夢想　2011年10月号
P26　してはならないことを考える　用管窺天　2013年3月号
P28　欲望に負けないために　知足者富　2008年9月号
P30　変わるものと変わらないもの　改過不吝　2011年4月号
P32　努力して学ぶことが大切　六言六蔽　2008年8月号
P34　努力を重ねて結果が生まれる　水到渠成　2012年11月号
P36　多すぎてもダメ、少なすぎてもダメ　宥座之器　2009年11月号
P38　困難な時こそ問われる真価　盤根錯節　2009年1月号
P40　大切なものを見失わないように　凡事徹底　2005年8月号
P42　自分のことがわかっていますか　自知者明　2008年4月号
P44　つもり違い10か条　人中之竜　2012年1月号
P46　井の中の蛙とならないため　心稍怠荒　2012年6月号
P48　熱意と努力する気持ちを失わない　愚公移山　2008年1月号
P50　自分からあいさつしてますか　高下在心　2010年3月号
P52　自分に厳しく人にやさしく　省察克治　2010年11月号
P54　人が集まる10の法則　面壁九年　2012年9月号
P56　経験を活かす心構えとは　徳慧術知　2007年1月号
P58　トップ・リーダーに大切なこと　休戒威董　2007年10月号
P60　部下に慕われるトップ・リーダーになる　修己治人　2005年2月号
P62　トップ・リーダーは健やかに　五倫五常　2007年11月号
P64　自分の心構えに責任をもつ　慎終如始　2012年12月号
P66　コラム　磨きたい3要素　身につけたい3要素　2004年8月号・9月号
P69　コラム　〝徳〟とは何か?　2005年5月号・6月号

■ 人間関係編

P74　無理を通していませんか　中心転換　2006年8月号
P76　トップが変われば職員も変わる　鞠躬尽力　2008年12月号
P78　トップとして包容力を高める　徳隋量進　2010年12月号
P80　他人の力を使うのが優れたリーダー　随処作主　2007年4月号
P82　きちんと聴かせていただいていますか　長目飛耳　2011年12月号
P84　意見を言いやすい雰囲気をつくる　相惜顔面　2005年1月号
P86　相手に合わせることの大切さ　方正利便　2012年3月号
P88　続けるための指導が大切　水滴穿石　2011年3月号
P90　大切なのは仕事を楽しむこと　知目行足　2011年11月号
P92　実力を発揮できない理由を考える　磨礪邃養　2008年11月号
P94　人の嫌がることを進んでする　明哲保身　2010年6月号
P96　不満は自分の心の中にある　薪水之労　2012年2月号
P98　なぜあいさつが大切か　心地乾浄　2012年7月号
P100　必ず言いたい5つの言葉　誠意正心　2008年2月号
P102　おかげさまと言えるように　是是非非　2008年3月号
P104　笑顔という贈り物　和気満堂　2011年9月号
P106　心を伝えるのは難しい　以心伝心　2013年5月号
P108　良い友を得るために　益者三友　2009年2月号
P110　人生を変えるために必要なこと　知行合一　2007年2月号

P112 美しい心は行動に表してこそ　言行一致　２０１０年10月号
P114 主体性をもって協調する　以和為貴　２０１２年８月号
P116 コラム　トップの禁句「お疲れさま」　２００６年２月号・３月号

Ⅲ 人財育成編

P120 経営に役立つ人財とは　六正六邪　２００４年６月号
P122 誰もが優れた人財になれる　六正六邪②　２００４年７月号
P124 人財が育つための環境　桃李成蹊　２００６年11月号
P126 人材難を克服するためには　杯中蛇影　２０１３年１月号
P128 働き続けるための環境　万能一心　２０１０年４月号
P130 自分自身と戦うこと　倜儻不羈　２００８年６月号
P132 安易なほうに流れぬために　馳騁畋猟　２００９年12月号
P134 教えることを通して自らも学ぶ　教学相長　２００７年７月号
P136 失敗も成功の手がかりに　企者不立　２００９年10月号
P138 うだつを上げよう　一視同仁　２０１１年１月号
P140 次世代に何を伝えるべきか　彬彬翩翩　２０１０年９月号
P142 汗を流して働くことから学ぶ　流汗悟道　２００９年８月号
P144 身近なことから学ぶ　下学上達　２００６年７月号
P146 あきらめずに学び続ける　躬行心得　２００７年12月号
P148 暮らしを支えるための力　画餅充飢　２００９年７月号
P150 当たり前だからすばらしい　眼横鼻直　２０１１年２月号
P152 利用者にとって当たり前の暮らし方　家常茶飯　２０１１年８月号
P154 常に備えを怠らない　集団浅慮　２００６年６月号
P156 いざという時の心構え　有事斬然　２０１０年５月号
P158 コラム　東日本大震災から　２０１１年５月号・６月号・７月号

Ⅳ 経営編

P162 変わらないものを問い直す　不易流行　２００６年４月号
P164 目先の利益にふりまわされない　長慮却顧　２００６年５月号
P166 競い合っていてもきりがない　流水不腐　２００９年６月号
P168 「異常なし」は要注意　事上磨錬　２００５年10月号
P170 危機感をもち経営に取り組む　切磋琢磨　２００５年４月号
P172 自分の足元をおろそかにしない　脚下照顧　２００７年５月号
P174 天井のホコリまで目配りする　巧詐拙誠　２００８年10月号
P176 目の届かないところも大切に　喜怒哀楽　２０１２年10月号
P178 手を抜かない、緩めない　眼高手低　２０１０年２月号
P180 課題を導く創意工夫　蝉蛻龍変　２００６年９月号
P182 遅すぎた対策にならないために　千載一遇　２００９年９月号
P184 再発防止に向けて　倏忽万端　２０１３年４月号
P186 自分を変えることは難しい　自老視少　２０１０年７月号
P188 正しい心こそ繁栄を導く　心訓七則　２００７年８月号
P190 人間の役に立つから発酵になる　横逆困窮　２０１２年５月号
P192 過去の経験を共有化する　温故知新　２００５年12月号
P194 不満をもつ人はテロリストになる　啐啄同時　２００７年６月号
P196 希望と意欲を引き出す仕組みづくり　先義後利　２００９年５月号
P198 商いは飽きない笑売　縁尋機妙　２００８年５月号
P200 固定観念にとらわれない　上善如水　２００６年10月号
P202 将来に向けた新たな取り組みを　自我作古　２０１２年４月号
P204 時代の新たな動きを取り入れる　苛政猛虎　２０１０年１月号
P206 経営の再構築を図る　遡源湧源　２００７年９月号
P208 目標をかかげ課題をもつ　忘己利他　２００７年３月号
P210 利他・他利のための経営　因循姑息　２００９年４月号
P212 地域に根ざした事業所　作用機序　２０１３年２月号
P214 正しいことを見極める方法　思慮分別　２００６年12月号
P216 時代の流れを見据えた介護経営を　毋憂払意　２０１３年６月号
P218 コラム　１００年後の未来を描く　２００６年１月号

省察克治　せいさつこくち …… 52
蝉蛻龍変　せいぜいりゅうへん …… 180
積小為大　せきしょういだい …… 160
是是非非　ぜぜひひ …… 102
切磋琢磨　せっさたくま …… 69,124,170
先義後利　せんぎごり …… 196
千載一遇　せんざいいちぐう …… 182
遡源湧源　そげんゆうげん …… 206
率先垂範　そっせんすいはん …… 21,77,125,147
啐啄同時　そったくどうじ …… 194

た 行

知足者富　たるをしるものはとむ …… 28
知行合一　ちこうごういつ …… 90,110,113
馳騁畋猟　ちていでんりょう …… 132
知目行足　ちもくぎょうそく …… 90
中心転換　ちゅうしんてんかん …… 74
長目飛耳　ちょうもくひじ …… 82
長慮却顧　ちょうりょきゃっこ …… 164
企者不立　つまだつものはたたず …… 136
倜儻不羈　てきとうふき …… 130
顛倒夢想　てんどうむそう …… 24
桃李成蹊　とうりせいけい …… 124
徳慧術知　とくけいじゅっち …… 56
徳隋量進　とくずいりょうしん …… 78

は 行

杯中蛇影　はいちゅうのだえい …… 126
盤根錯節　ばんこんさくせつ …… 38,211
万象具徳　ばんしょうぐとく …… 20
彬彬翩翩　ひんぴんへんぺん …… 140
不易流行　ふえきりゅうこう …… 30,162,164
方正利便　ほうせいりべん …… 86
凡事徹底　ぼんじてってい …… 40,168

ま 行

磨礪邃養　まれいすいよう …… 92
万能一心　まんのういっしん …… 128
自知者明　みずからをしるものはめいなり …… 42
明哲保身　めいてつほしん …… 42,94
面従背信　めんじゅうはいしん …… 85,155
面壁九年　めんぺきくねん …… 54
忘己利他　もうこりた …… 208

や 行

宥座之器　ゆうざのき …… 36
有事斬然　ゆうじざんぜん …… 156
用管窺天　ようかんきてん …… 26

ら 行

六言六蔽　りくげんりくへい …… 32
流汗悟道　りゅうかんごどう …… 142
流水不腐　りゅうすいふふ …… 166
六正六邪　ろくせいろくじゃ …… 120,122
六根清浄　ろっこんせいじょう …… 67

わ 行

和気満堂　わきまんどう …… 104
吾唯足知　われただたるをしる …… 166
以和為貴　わをもってたっとしとなす …… 114

９９の言葉の索引

あ行

相惜顔面　あいせきがんめん …… 84,155
以心伝心　いしんでんしん …… 106
一視同仁　いっしどうじん …… 138
因循姑息　いんじゅんこそく …… 210
益者三友　えきしゃさんゆう …… 108
縁尋機妙　えんじんきみょう …… 198
横逆困窮　おうぎゃくこんきゅう …… 190
温故知新　おんこちしん …… 17,192

か行

改過不吝　かいかふりん …… 30
下学上達　かがくじょうたつ …… 144
家常茶飯　かじょうさはん …… 152
苛政猛虎　かせいもうこ …… 204
画餅充飢　がべいじゅうき …… 148
眼高手低　がんこうしゅてい …… 178
眼横鼻直　がんのうびちょく …… 150
毋憂払意　かんゆうふつい …… 216
鞠躬尽力　きっきゅうじんりょく …… 76
喜怒哀楽　きどあいらく …… 176
脚下照顧　きゃっかしょうこ …… 172
休戒威董　きゅうかいいとう …… 58
躬行心得　きゅうこうしんとく …… 146
居安思危　きょあんしき …… 158
教学相長　きょうがくあいちょうず …… 134,147
愚公移山　ぐこういざん …… 48
言行一致　げんこういっち …… 90,112
高下在心　こうげざいしん …… 50
巧詐拙誠　こうさせっせい …… 174
心稍怠荒　こころややたいこう …… 46
克己復礼　こっきふくれい …… 22
五倫五常　ごりんごじょう …… 62

さ行

作用機序　さようきじょ …… 212
自我作古　じがさっこ …… 202
事上磨錬　じじょうまれん …… 168,169
修己治人　しゅうこちじん …… 60
倏忽万端　しゅうこつばんたん …… 184
集団浅慮　しゅうだんせんりょ …… 154,186
上下雷同　じょうげらいどう …… 85
常在学場　じょうざいがくじょう …… 16,207
上善如水　じょうぜんみずのごとし …… 200
知常曰明　じょうをしるをめいという …… 18
思慮分別　しりょふんべつ …… 214
自老視少　じろうししょう …… 186
心訓七則　しんくんしちそく …… 188
慎終如始　しんしゅうじょし …… 64
薪水之労　しんすいのろう …… 96
心地乾浄　しんちけんじょう …… 98
人中之竜　じんちゅうのりゅう …… 44
随処作主　ずいしょにしゅとなる …… 80
水滴穿石　すいてきせんせき …… 88
水到渠成　すいとうきょせい …… 34
誠意正心　せいいせいしん …… 100,102,175

著者略歴

早川浩士（はやかわひろし）

『継栄と人財創造塾』主宰。

1953年（新潟市）生、中央大学経済学部卒。

有限会社ハヤカワプランニング代表取締役、経営コンサルタント。

『介護ビジョン』の創刊号（2003年７月号）から、「経営（継栄）のツボ」を連載中。同誌編集委員。

一般財団法人日本介護フットサル協会評議員。

東京都文京区在住。

Web：http://www.hayakawa-planning.com
Blog：http://ameblo.jp/hayakawa-planning/

facebook:http://www.facebook.com/hiroshi.hayakawa.39

〈著書〉
『早川浩士の常在学場』（筒井書房）2009年９月
『介護人財創造塾』（筒井書房）2008年４月
『介護保険改正に勝つ！経営』（年友企画）2005年６月
『データで徹底分析 介護事業の最新動向と経営展望』（日本医療企画）2002年12月
『介護保険データブック2001』（ぎょうせい）2001年10月
『介護事業の羅針盤』（シルバー新報叢書）2000年９月　など

介護福祉経営士サブテキスト人間力シリーズ1
99の言葉の杖

2013年6月15日　初版第1刷発行

著　者　早川　浩士
発行者　林　諄
発行所　株式会社 日本医療企画
〒101-0033　東京都千代田区神田岩本町4-14
神田平成ビル
TEL 03(3256)2861(代表)
FAX 03(3256)2865
http://www.jmp.co.jp/
印刷所　大日本印刷株式会社

ISBN978-4-86439-163-4 C3034　

「介護福祉経営士」テキストシリーズ　全21巻

総監修

江草安彦（社会福祉法人旭川荘名誉理事長、川崎医療福祉大学名誉学長）
大橋謙策（公益財団法人テクノエイド協会理事長、元・日本社会事業大学学長）
北島政樹（国際医療福祉大学学長）

（50音順）

基礎編Ⅰ（全6巻）

第1巻　介護福祉政策概論 ―― 介護保険制度の概要と課題
第2巻　介護福祉経営史 ―― 介護保険サービス誕生の軌跡
第3巻　介護福祉関連法規 ―― その概要と重要ポイント
第4巻　介護福祉の仕組み ―― 職種とサービス提供形態を理解する
第5巻　高齢者介護と介護技術の進歩 ―― 人、技術、道具、環境の視点から
第6巻　介護福祉倫理学 ―― 職業人としての倫理観

基礎編Ⅱ（全4巻）

第1巻　医療を知る ―― 介護福祉人材が学ぶべきこと
第2巻　介護報酬制度／介護報酬請求事務 ―― 基礎知識の習得から実践に向けて
第3巻　介護福祉産業論 ―― 市場競争と参入障壁
第4巻　多様化する介護福祉サービス ―― 利用者視点への立脚と介護保険外サービスの拡充

実践編Ⅰ（全4巻）

第1巻　介護福祉経営概論 ―― 生き残るための経営戦略
第2巻　介護福祉コミュニケーション ―― ES、CS向上のための会話・対応術
第3巻　事務管理／人事・労務管理 ―― 求められる意識改革と実践事例
第4巻　介護福祉財務会計 ―― 強い経営基盤はお金が生み出す

実践編Ⅱ（全7巻）

第1巻　組織構築・運営 ―― 良質の介護福祉サービス提供を目指して
第2巻　介護福祉マーケティングと経営戦略 ―― エリアとニーズのとらえ方
第3巻　介護福祉ITシステム ―― 効率運営のための実践手引き
第4巻　リハビリテーション・マネジメント ―― QOL向上のための哲学
第5巻　医療・介護福祉連携とチーム介護 ―― 全体最適への早道
第6巻　介護事故と安全管理 ―― その現実と対策
第7巻　リーダーシップとメンバーシップ、モチベーション
―― 成功する人材を輩出する現場づくりとその条件